La Catastrophe ou La Vie

Pensées par temps de pandémie

Jean-Pierre Dupuy

파국이냐 삶이냐

― 팬데믹 시대의 사유

초판1쇄 발행	2022년 8월 22일
지은이	장 피에르 뒤피
옮긴이	이충훈
디자인	디자인오팔
펴낸곳	산현재 傘玄齋 The House of Wisdom under Shelter
등록	제2020-000025호
주소	서울시 마포구 연희로 11. 5층 CS-531
이메일	thehouse.ws@gmail.com
인스타그램	wisdom.shelter
인쇄	예림인쇄
제책	예림인쇄
물류	문화유통북스

ISBN	979-11-972105-9-4 (03100)

파국이냐 삶이냐

팬데믹 시대의 사유

장 피에르 뒤피 지음
이충훈 옮김

쇠사슬에 묶여 전원 사형 선고를 받은 사람들을 생각해보자.
그들 중 일부가 남은 사람들 보는 앞에서 매일 교수형을 당하고,
그렇게 남은 사람들은 자기들과 같은 사람들의 운명에서
자기들의 운명을 보고, 서로의 얼굴을 바라보며 고통스럽게,
희망 없이 자기 차례를 기다린다.

블레즈 파스칼 Blaise Pascal, 〈**단편**_Frangment_ n° 6〉, **1678**

그 다음에는 죽는 것을 보아야 했소.
죽지 않으려는 사람들이 있다는 것을 아시오?
한 여인이 임종의 순간에 "안 돼!"라고
외마디 소리를 지르는 걸 들어 본 적이 있소? 나는 있었소.
그때 나는 그러한 일에 익숙해질 수 없다는 걸 깨달았지.
[…] 하지만 세상의 질서는 죽음의 통제를 받는 것이니,
신의 입장에서는 우리가 자신의 존재를 믿지 않고,
침묵하고 있는 하늘을 올려보지도 않고 온 힘을 다해
죽음에 맞서 싸우는 것이 아마 더 나은 일이 아니겠소.

알베르 카뮈 Albert Camus, 《**페스트**_La Peste_》, **1947**

차례

서문

서문

2020년 12월 1일

오리라는 예고는 되었지만 정확히 그 날짜가 언제가 될지는 모르는 파국을 앞둔 시대에는 기이한 특성이 있다. 사람들이 걱정스러운 사건이 곧 일어날 것임을 알고, 그 사건이 발생하리라는 것을 기정사실이나 준準기정사실로 간주하더라도 그들이 파국이 오리라는 앎을 믿음으로 바꾸는 일은 없다. 안다고, 다 믿는 것은 아니다.

파국이 온다는데 우리 정신이 그런 태도를 보인다는 것은 철학의 치욕이다. 일반적으로 철학은 앎이 믿음보다 논리적으로 우월하다고 간주했으니까. 세상의 특징이 어떠하다는 것을 안다는 것은 그것이 사실이어야 하고, 사람들이 사실로 믿어야 하고, 그것도 근거 없는 이유로 믿어서는 안 되고 논거를 제시할 수 있는 '타당한 이유로' 믿어야 한다는 여러 조건을 전제로 한다.

내가 세상에 관한 어떤 명제가 사실임을 안다면, 그때 나는 '한층 강력한 이유로*a fortiori*' 그 사실을 믿는 것이다. 예를 들면,

지구는 평평하지 않고, 기후변화는 가만두면 저절로 알아서 해결될 일시적인 현상이 아니며, 코로나19 팬데믹은 중국인들의 장난질이 아니라는 등의 틀림없는 명제들을 나는 부정할 수는 있지만, 그때 내가 그 명제들이 사실임을 아는 것은 아니다. 내가 그 사실을 알았다면, 앎이란 말의 정의에 따라 나는 그 명제들이 사실이라고 믿었을 것이므로.

그렇기는 해도, 경험하지 않고는 설명할 수 없는 경우도 있다. 다시 말하면, 우발적으로 생기지만 그럼에도 거의 보편적인 거나 다름 없는 경우도 있는 것이다. 우리가 죽음과 맺는 관계, 죽음 자체, 우리의 죽음과 같이 앎과 믿음의 관계가 전복되는 경우가 그렇다. 그때 믿음은 앎의 기계적인 귀결이 되지 않고 그 앎에 저항한다. 자크 마돌Jacques Madaule이 썼듯, "나는 내가 죽게 되리라는 것을 알고는 있지만, 그렇게 믿지는 않는다."[1]

9월 11일 테러의 충격에서 여전히 벗어나지 못했던 2002년, 기후변화, 핵전쟁의 위협, 다른 실존적 위험들에 관한 성찰에 사로잡혀 있던 나는 사람들의 마음에 강렬한 인상을 남긴 제

---

[1] Jacques Madaule, 《죽음 연구 Considération de la mort》, Paris, Corrêa, 1934. Vladimir Jankélévitch, 《죽음을 생각하기? Penser la mort?》, Paris, Liana Lévi, 2003, p. 29에서 인용. 〈에스프리 Esprit〉 지와 가까웠던 가톨릭 지식인 자크 마돌의 이 책은 내가 아는 죽음에 대한 가장 심오하고 가장 아름다운 성찰 중 하나이다. 그는 죽음을 주제로 한 장켈레비치의 저작들에 영향을 주었다.

목의 한 책에서 이 문제를 제기했다. 우리는 방금 언급한 주제들에 관해 많은 것을 알고 있었지만, 그것이 맹아가 되어 파국이 일어나리라고 믿지는 않았다.[2] 우리가 이 앎을 토대로 삼아 행동에 나서지 않는다는 것이 그 증거이다. 이 점을 어떻게 설명해야 할까? 개인적인 것이든 집단적인 것이든, 심리학적 설명은 배제하겠다. 내가 관심을 돌린 쪽은 철학이었다. 나는 앙리 베르그손Henri Bergson이 1914년 8월 4일, 독일이 프랑스에 선전포고를 했다는 소식을 접한 후 자기 심정을 옮긴 말을 떠올렸다. 베르그손은 이 파국이 일어나기 직전, 자신은 물론 주변 사람들을 자극했던 감정들을 회상하면서, 전쟁이 "일어날 법하기는 해도 동시에 불가능해" 보였다고 썼다. "이러한 복잡하고 모순된 생각은 그 운명의 날까지 지속되었다"[3].

정말 일어날 법한 데다가 거의 확실하다고까지 믿지만, 그래도 불가능하리라 생각되는 파국이라고? 나는 이 막무가내 같은 발상에서 내가 풀어야 할 문제의 열쇠를 쥐었다고 믿었다. 걱정스러운 사건이 상당한 확률로 곧 일어나리라고 믿기 위한 필요조건은 상식적으로 그 사건이 발생 가능하다고 믿는 것일

---

2 Jean-Pierre Dupuy, 《계몽적 파국주의를 위하여 *Pour un catastrophisme éclairé*》, Paris, Seuil, 2002 ; coll. Points, 2004.

3 Henri Bergson, 《도덕과 종교의 두 원천 *Les Deux Sources de la morale et de la religion*》 (1932), in Œuvres, Editions du centenaire, Paris, PUF, 1991, pp. 1110-1111.

테지만, 베르그손은 그 사건의 가능성에 대한 믿음은 사건이 실현된 뒤에 따르는 일이지, 그보다 앞서는 것은 아니라고 확신한다. 파국이 가능해지는 것은 그것이 현실이 되면서이다.

이 역설에 영향을 받아 나는 내 책의 부제로 '불가능이 확실할 때'를 골랐다. 결과는 아주 좋지 않았다. 나는 사실 앎에서 믿음에 이르는 길이 차단되어 있음을 보여주려는 것이었는데, 사람들은 반대로 내가 앎에서 믿음으로 길을 터주는 방법을 그러한 방식으로 제안한 것으로 이해했다. 그래서 나는 '계몽적 파국주의catastrophisme éclairé'란 파국을 더 잘 예방하기 위해 파국을 확실한 것으로 간주하는 태도라고 말해야 했다. 이것은 해결불가능한 역설이었을 수도 있었다. '붕괴론자들collapsologues'[4]이 새로 논쟁에 뛰어들어 이 개념을 자기들 것으로 삼아 지겹게도 되풀이했다.[5] 그렇다면 그 당시 내가 사용한 방법이란 정말 무엇이었을까? 지금은 이를 말할 때가 아닌데, 그 방법이 이 책의 주제에 직접 적용되지는 않기 때문이다.[6]

4　[역자 주] 산업문명으로 인한 붕괴와 그 결과를 예측하는 다학제적 학문 연구자들.

5　Pablo Servigne et Raphaël Stevens, *Comment tout peut s'effondrer*, Paris, Seuil, 2015.

6　그러나 나는 이 책의 결론에서 이 방법을 다시 한번 정리해보려고 결심했다. 이 결론 부분은 13이라는 숫자를 단 마지막 장이다. 이후 장章들의 참조 시 이곳처럼 굵게 표시된 숫자로 표시하기로 한다.

자, 이 책의 주제로 들어가보자. 나는 파국이 곧 닥치게 되리라는 것을 알 때조차 사람들은 파국이 정말 일어나리라고 믿지 않는다고 쓰면서, 이 원칙은 파국이 여전히 미래의 것일 경우에만 적용되는 것이 아니라, 몸도 마음도 벌써 재난에 빠져버렸을 때 더 강력한 힘을 발휘하리라고 확신했다. 내가 하려 했던 도전은 예언자가 현대 도시에서 어떻게 자신의 말로써 불행을 피하게끔 기여할 수 있는지 보여주는 것, 말하자면 그의 존재 이유를 인정하려는 것[7]이었지만, 지금 우리 모두는 코로나 팬데믹 상황에 여전히 처해 있고, 아마 몇 년은 아니라도 몇 달은 더 처하게 될 상황에 단번에 빠지고 말았다. 하지만 이렇듯 명백하더라도, 변할 것은 없다. 세상 어디서나 어떤 이들은 오늘날 인류가 처한 일에 단순한 '독감' 이상의 의미를 부여할 필요는 없다고 믿는다. 그러니까 내가 관심을 갖는 사람들은 사태가 이보다 더 심각할 수 없다는 점을 모르는 사람들이 아니라, 그 사실을 알고 있거나, 틀림없이 알고 있지만 결코 믿으려 하지는 않는 사람들이다. 그들 눈에는 무슨 비늘이라도 붙어 있는

7　앞서 언급한 붕괴학자들이 무언가 이해하지 못한 것이 있다. 그들은 고의든 아니든 자신의 말로써 그들의 정체성을 만들어주는 '붕괴'에 공헌한다는 점이다.

것일까? 그래서 앞을 못 보는 것일까?[8]

    이 책의 야심은 대단한 것은 아니다. 그러나 이 책이 수행하고자 하는 도전은 그렇지 않다. 프랑스에서나 다른 국가에서 저작 활동을 할 수 있는 똑똑하고 교양 있는 사람들(나는 그들을 '지식인'이라고 부를 것이다) 전체가 어떻게 이 팬데믹에 관해 당치도 않은 생각을 할 수 있었고, 또 지금도 여전히 같은 생각을 할 수 있는지 이해하는 일이기 때문이다.

    이것이 내가 이번 팬데믹 위기 초부터 벌여온 전투이다. 그간 나는 다양한 매체에서 내 입장을 개진할 기회가 있었다. 이 책은 내 발언들 몇몇을 모은 것이다. 완전히 흥분을 벗어나 순수 이성의 이름으로 말하고 있다고 주장하지는 않겠다. 고백하건대, 나를 부추긴 것은 부분적으로는 분노였기 때문이다. 내가 존경하던 몇몇 지식인들이, 또 그중에 내가 숭배했던 몇몇이 정치적으로 무책임하게 행동하는 모습을 목격했을 때 느낀 분노. 그들은 자기들의 담론이 구역질 나는 정치 세력의 담론

---

8 내 관찰은 더 특별히 프랑스, 미국, 브라질의 3개국에 집중될 것이다. 2020년 9월 19일에 장차 유명세를 탈 포시 박사Dr Fauci는 팬데믹 관련 백악관 고문을 맡고 있는 사람인데 〈뉴욕타임스〉에 "팬데믹으로 발생한 참화가 뻔히 눈에 보이는데도 미국 일부 지역에는 그것이 가짜뉴스fake news라고 주장하는 사람들이 있다"는 사실에 "황당한 일"이라고 돌려 말했다. 그는 "이 장애물을 극복하기란 대단히 어렵습니다. 바로 자기 눈앞에 무언가가 있는데 사람들이 그것이 존재하지 않는다고 주장하는 것을 어떻게 설명해야 할까요?"라고 말했다.

과 궤변적인 방식으로 공모 관계에 있음을 인식하지 못하는 듯했다. 그들 가운데는 혁명 전통에 따라 자유를 참칭하여 국가를 날려버리게 될 프랑스인들이며, 연방 법원이 부추겼다고는 말하지는 않더라도 그들의 지원은 받고 있는 미국 내 극우파도 있었고, 나치즘이나 독재 시대의 향수에 젖어 있는 독일과 브라질의 몇몇 파시스트 그룹들이며, 만에 하나 바이러스의 공격을 받는다 해도 자기들은 '선천적으로' 바이러스를 피할 것이라고 알거나 믿으면서 정작 자기가 다른 사람들을 감염시킬 가능성은 전혀 걱정하지 않는 사람들도 있었다. [6]

이 지식인들은 여러 논거를 제시한다. 하지만 그들은 어떻게 이 팬데믹에 뭔가 특이한 점이 있고, 이 일로 근대 역사상 최초로 지구가 돌아가기를 멈췄다는 점을 인식하지 않는 것일까? 반면, 그들은 각국의 대응 조치가 과한 것 아니었느냐고 반박한다. 원칙적으로 그 정도 조치를 취한다는 것은 상당히 중대한 위협이 있음에 틀림없음을 말해주는 징후이다. 하지만 그들은 징후와 사태는 다르지 않느냐, 시행된 조치들이 위협의 수준과는 비교도 되지 않게 과했던 것이 아니냐고 말한다. 그들은 만일 과했던 것이 사실이라면 그에 따라 두 가지 비판을 할 수 있다고 확신한다. '다들' 우리에게 재앙이 심각하다고 거짓말을 했다. 이 거짓말을 근거로 '다들' 무능하게도 마구잡이로 자원을 낭비했고, '다들' 의사들과 보건 당국의 권력, 즉 미셸 푸코 Michel Foucault가 말했던 저 유명한 '생명 권력'을 더 확고하게 할

16

목적으로 근본적인 자유를 제한했다.

　그러나 이 조치들이 팬데믹 확산을 억제한다는 목적에 비해 과했거나 여전히 과하다는 점은 어떻게 증명할까? 문제가 된 조치들을 취하지 않았다면 무슨 일이 벌어졌을지 따져보는 아주 간단한 방법은 없을까? 보건 당국과 연구소들에서 신약 출시 계획을 세울 때는 두 가지 선택지를 비교하기 마련이다. 환자들에게 사실상 값이 전혀 들지 않는 가짜 약을 투여하는 선택지가 하나이고, 출시하고자 하는 약을 환자들에게 투약하는 선택지가 다른 하나이다. 이 둘의 비용과 장점을 비교해서, 그 약을 생산해서 처방할 가치가 있는지를 결정한다. 의사들은 '비용편익'(용서가 안 되는 영어식 표현[9]이지만 시사점이 있다)이라고 부르는 이 방법을 자기들이 고안해냈다고 믿지만, 사실 이것은 19세기 후반에 경제 이론을 수학 모델에 따라 계량화했을 때 나온 부산물이다. 우리의 회의주의적 지식인들이 이 방법을 쓰지 않는 이유는 무엇일까? 왜 그들은 아무 행동도 취하지 않았다면 발생했을 확진자, 입원자, 중환자, 사망자 수는 계산하려 들지 않는 것일까?

　나는 A와 B라는 두 행동 중에서 선택을 한다. 나는 A를 선

9　영어 'Cost-benefit'을 프랑스어로는 coût-avantage라고 번역한다. 프랑스어에 'bénéfice'이라는 말이 들어온 것은 금전적인 이윤이 이 방법론에서 중요한 역할을 한다는 점을 인정하는 것이다.

택했다. 나는 B보다는 A를 선택할 때 상황이 더 유리해진다고 계산했다. 그 상황은 내가 'A를 선택했을 때' 측정할 수 있는 것이다. 반면, 내가 B를 선택했다면, A를 선택하면서 'B를 선택하는 경우' 예상한 것과 같은 상황에 놓이리라는 보장은 없다. 달리 말해, 경제학에서 계산의 전제는 '사실적인'(즉, 실제적인) B의 선택과, A를 선택할 때의 반反사실적인contrefactuel(즉, 가상적인, '사실들에 반하는contre les faits') B의 선택에서 내가 동일한 세계에 놓인다는 것이다.[10] 더 단순하게 말하자면, '양자택일의' 세계와 우리가 실제로 존재하는 세계의 실재는 동일하다는 가설이 감춰져 있다.

회의적인 지식인들이 위의 가설을 거부하면서 그러한 양자택일의 세계는 실재하지 않는다고 단언해 버리기라도 했던 것처럼 세상이 돌아간다. 그러니 양자택일의 세계란 없다는 주제에 관해 아무것도 할 말이 없게 된다. 미래는 존재하게 될 그것일 뿐, 그 미래에 기입되지 않은 어떤 것도 불가능할 것이므로. 프랑스인들이 중국인들이나 브라질인들처럼 행동했더라면 어떤 일이 벌어졌을까? 회의주의적 지식인들이 보기에 이 질문은 아무런 의미가 없다. 따라서 해답도 없다. [13]

나는 이러한 철학적 선택은 끔찍한 것이며, 그 선택에서 앞

---

10 [역자 주] 여기서 '반反사실적'이라는 표현은 '만일 다른 식으로 행동했을 때 내가 얻게 될 다른 결과'를 예상하는 태도에 대한 표현이다.

으로 내가 '코로나 회의론자'로 부를 지식인들의 비상식적인 주장들이 비롯된다고 확신한다.[11]

---

11   나는 이 책에서 미디어의 광대들이자 음모론의 추종자들은 세심하게 거르고 내가 가장 상징적이라고 판단하는 사람들 가운데에서 아주 적은 수의 지식인들만을 언급한다. 2020년 4월 2일 프랑스 앵테르에서 발언한 브뤼노 라투르Bruno Latour 같은 대부분의 지식인들은 나오지 않는다. 그는 이렇게 말했다. "우리가 알고 있듯이 우리를 파국으로 몰아가고 있는 체제를 고수하기 위해 이런 전면 중단을 이용하려 들지 않기란 정말 대단한 일일 겁니다. 그 파국에 비하자면 지금 바이러스의 파국은 '극히 사소한 문제'에 불과합니다"(베르나르 페레Bernard Perret, 《미래가 우리를 피해갈 때 *Quand l'avenir nous échappe*》, Paris, Desclée de Brouwer, 2020, p. 21에서 재인용. 강조는 필자). 나는 브뤼노 라투르와 많은 다른 사람들이 중차대한 팬데믹을 우스꽝스럽게 만들고자 하는 이유들이 무엇인지 자문해본다. 그들이 갖지 못했던 것은 적어도 예지와 겸손이었다. 그리고 그들을 우스꽝스럽게 만들어 버렸던 것은 바로 미래였다. 나는 비교법을 사용하는 수사학적 방식을 지적하는 것이다. 기후변화나 생물다양성의 문제와 비교해본다면 이 팬데믹이 별것 아닐 수도 있을지 모른다. 그러나 이러한 방식은 좀 지나치게 쉬운 것이다. 어떤 파국이 됐든, 그 파국을 '극히 사소한' 것으로 보이게 만드는 어떤 다른 파국을 언제나 찾을 수 있다. 지구상의 모든 생명체를 끝장낼 수 있을 거대한 운석의 추락이나, 훨씬 더 개연성이 있는 일로서 우리 문명의 종말을 가져올 수 있을 세계 핵전쟁과 비교해봤을 때 환경변화란 무엇이겠는가? 이로부터 우리가 끌어낼 수 있는 결론은 우리의 주의를 끌 가치가 있는 것이란 오직 시간의 종말, 혹은 종말의 시간뿐이라는 걸까?

*

이 책은 일기 형식으로 되어 있지만, 사실 일기라고 할 수는 없다. 이 책은 지난 몇 달간 연이어 발생한 사건들을 내가 (적어도 직접적으로는 아니지만) 경험한 방식이 아니라, 팬데믹이 진전되면서 수반된 다소 학구적인 논평들에 반발하여 떠올렸던 사유들에 관한 것이다. 그래서 이렇게 말할 수 있다면, 이 책은 '사유 일기'이다. 한나 아렌트가 자기 생각을 완성된 저작으로 명확히 드러내기에 앞서, 사유의 틀을 잡아 주었던 글쓰기 연습의 장을 가리키기 위해 이 표현에 부여했던 바로 그 의미에서 사유 일기이다[12]. 이 방법을 쓰게 되면 문체의 선택이 자유로워지므로, 성찰의 근거가 되었던 주변 상황이나 다루는 주제에 유연히 맞출 수 있다. 각 장에는 날짜가 붙어 있다. 발표된 것이라면 발표된 날짜에 해당되고, 어떤 사건이 일어난 날짜나, 어떤 생각이 떠올랐던 날짜에 해당되기도 한다. 정말 대단한 생각을 갖고 날짜를 기입한 것은 아니다. 그보다 더 중요한 것은 연대기이다. 확실히 이 연대기는 팬데믹 진전 상황을 반영하지만, 거론된 각 주제는 또 다른 주제를 이끌어내므로 무엇보다도 성찰의 역동성을 반영할 수 있다. 이렇게 되면 로마식 기와를

---

12 Hannah Arendt, 《사유 일기 *Journal de pensée* (1950-1973)》, Paris, Seuil, 2005.

올린 지붕처럼 겹침이 이루어진다. 어느 장에서 하나의 생각이 생기고, 그 생각은 뒤의 장에서 다시 반복되고 발전된다. 모든 장들은 서로 참조되고, 과거에서 미래로 나아가지만, 간혹 미래에서 과거로 돌아갈 때도 있다. 그래서 어느 정도는 순서와는 상관없이 이 장들을 읽어도 된다.

다루는 주제 때문에 내가 내 모습을 숨기고 글을 쓰리라는 것은 상상할 수도 없는 일이다. 이 모든 일이 2020년 2월 말 시작되었을 때, 나는 브라질 상파울로에 있는 브라질 국적인 내 딸과 손녀의 집에 있었다. 당시 나는 78세였고 대형 외과수술을 받고 심장 재활치료 기간을 끝낸 지 얼마 되지 않은 시점이었다. 이미 이 바이러스는 충분히 알려져 있어서 나는 나 자신이 코로나바이러스의 훌륭한 표적임을 알고 있었다. 브라질에서는 무언가 심각한 일이 잠복 상태에 있음을 의식하고 있었다. 약국에서는 아침에 문을 열면 15분 만에 벌써 젤 손 세정제 재고가 바닥났다. 그럼에도 나는 브라질은 역시 브라질이라는 사실을 충분히 알지 못했다. 2020년 카니발이 막 끝났을 때였는데, 2021년 카니발 연습이 한창 진행 중이었다. 그런 까닭에 어느 날 저녁 리우의 라파 구역에서 가장 유명한 한 삼바 클럽으로 친구들을 만나러 가는 일이 망설여졌다. 5층짜리 골동품 창고 같은 데서 줄잡아 3,000명이 극성스러운 '바투카다'[13] 리듬에 맞추

---

13 [역자 주] 브라질 흑인이 추는 춤 중 하나로 삼바의 기원으로 알려져 있다.

어 몸을 흔들었다. 나는 바이러스에 감염되지 않았다. 적어도 그날 밤에는.

무슨 짓을 했는지 잘 알고 있으니, 나는 내 잠재적 반론자들에게 나를 때릴 회초리를 미리 쥐여주는 것이다. 이 일기에서 내게 명백해 보였던 것을 말할 기회가 있을 것이다. 즉, 첫 번째 격리 해제 이후 젊은이들과 그들보다 더 어린 젊은이들의 행동을 보면, 그들이 감염병 2차 유행에 중대한 책임이 있었다는 사실 말이다. 물론 나를 두고 젊은이들을 이해하지도 못하면서 꼬장꼬장 잔소리나 늘어놓는 노인네라고 비난해도 좋다.

3월 중순, 일단 프랑스로 돌아왔을 때 내 미국 비자가 취소되었음을 알았다. 트럼프 대통령은 대부분의 유럽인에게 국경을 닫기로 결정했다. 팬데믹 관리를 엉망으로 했다고 비난받았던 프랑스인들도 당연히 포함되었다. 프랑스도 즉각 국경을 폐쇄했다. 격리 초기의 일이었다. 나는 스탠퍼드 대학에서 악惡이라는 주제로 강의 하나를 해야 했다. 스탠퍼드는 돈이 펑펑 쏟아지는 사립대학이다. 바로 그때 대학은 엄청난 비용이 들 결정을 내렸다. 2020년 봄과 2020-2021년 학기의 모든 '학부' 수업을 비대면 수업으로 진행하기로 한 것이다. 그리하여 나는 파리의 내 집에서 줌 프로그램을 이용해 강의할 수 있었다. 캘리포니아 캠퍼스에는 학생이라고는 한 명도 없었다. 더욱이 캠퍼스는 대부분 폐쇄되어 있어서, 학생들은 미국 서부에서 중국에 이르기까지 자기들 집으로 전부 돌아간 상태였다. 내가 이 일기를 써보겠다고 결심한 것은 바로 이러한 상황에서였다.

한마디만 더 하고 소개를 마치겠다. 나는 이 책에서 내가 '지식인들'이라고 부른 저자들과 사상가들을 비판한다. 물론 나 역시 그 집단의 일원이다. 나는 강의하고, 논문과 책을 쓴다. 공개토론에도 나간다. 그러므로 객관적이어야 하겠으나, 동시에 나는 편파적일 수밖에 없다. 그러나 나와 내 동료들을 구별해주는 한가지 특징이 있다. 그것은 장점이 돼야 했을 것이지만 프랑스 상황에서는 오랫동안 단점이었다. 그것은 내가 받은 과학 교육, 더 정확히 말하자면 수학과 논리학 교육이다. 나 때는 이들 학문과 철학 간의 횡단이 당연시되었다. 이 책 첫머리에 파스칼을 인용했지만, 오늘날 프랑스에서는 미국과는 다르게 지식인들 절대다수, 특히 철학자들 절대 다수가 외곬으로 문학 교육만 받는다. 그뿐만 아니라, 그들은 과학과 기술을 독毒이라고 비판할 의무가 있다고 믿고, 자신들이 반드시 필요한 해독제를 주고 있다고 믿는다. 그 관점에서 보면, 그들에게 길을 터 주었던 이들은 하이데거와 사르트르였다. [8] 내가 보기엔, 코로나바이러스가 주인공이 되어 생명을 갈망하고, 우리에게 빌붙어 제 삶을 살아가게 되면서 일어나고 있는 비극을 다루는 경우, 이들 지식인이 마치 반신불수처럼 과학에 무지하다는 사실은, 그저 심각한 장애일 뿐이다.

1

가장 멋진 죽음

1

가장 멋진 죽음

2020년 5월 10일

직업이 무엇이든, 받은 교육의 정도가 얼마든, 종교가 있다면 무슨 종교를 믿든, 직업적인 철학자든 아니든, '형이상학적 정신'을 가진 사람을 알아보는 나만의 기준이 하나 있다. 그것은 그들이 가장 두려워하는 것, 즉 죽는다는 사실이나 죽음 자체에 관해 물어보는 것이다. 여기서 '형이상학적'이라는 말은 과학으로는 설명이 불가능하지만, 우리가 금수들처럼 살기를 원치 않는다면 답변을 내놓지 않을 수 없는 모든 문제를 가리키는 나만의 표현이다. 대부분의 사람은 '죽음은 두렵지 않다'고 답변한다. 왜 그러냐고 물으면, 에피쿠로스를 읽지 않았더라도 그들은, 죽게 되면 더는 존재하는 것이 아닐 것이므로 죽은 존재는 더는 그들일 수 없다는 의견을 개진할 것이다. 하지만 그들은 종종 죽음에 앞서 노화와 고통을 겪게 될 기간은 두렵다고 인정한다. 이들은 형이상학을 공부하도록 태어난 사람들이 아니다. 그러나 이러한 판단은 비판이 아니다. 모욕은 더더욱 아

26

니다. 세상에는 이 사람 저 사람이 있게 마련이다.

2020년 3월과 4월 내내, 죽음은 어디에서나 우리 주위를 배회했다. 우리가 아이였을 때 묻곤 했던 대단히 중요한 질문을 우리는 격리 기간 동안 제기하고 또 제기했다. '어떻게 하면 멋지게 죽을 수 있을까'라고 나는 자문해 보았다.

리우데자네이루와 파리를 매일 연결하는 AF447기에 승객으로 탔다가 비행기 고장으로 선회하여 바닷속까지 추락하는 것이 내게는 멋진 죽음일지도 몰랐다. 브라질의 내 딸 베아트리스가 간발의 차로 모면했던 죽음. 베아트리스는 그 비행기가 추락했던 2009년 6월 1일 하루 전날 바로 그 비행기로 여행했다. 하고자 하는 말을 명확히 예증하기 위해 앞으로도 이 이야기를 지나칠 정도로 자주 꺼낼 텐데, 말이 씨가 된다고 벌을 받게 될지도 모르겠다. 그래서 이러한 유형의 경험에는 침묵과 명상이 필요하다. [7]

그렇지 않으면 나는 화마를 피해 불길에 휩싸인 110층짜리 고층 건물 높이에서 뛰어내릴지도 모르겠다. 전 세계 카메라로 찍힐 대단한 죽음일 것이다. 땅에 닿아도 이미 오래전부터 질식한 상태일 테니, 아무 느낌도 없을 것 같다.

아니면 정말 단순하게 파리 상공에서 폭발한 핵폭탄의 섬광으로 10억 분의 1초 안에 저세상 사람이 될 수도 있을 것이다. 그건 분명 상상할 수 있는 가장 빠른 소멸일 것이다.

나는 이러한 죽음들은 두려워하지 않는다. 하지만 간호

인들이 적절한 말을 찾지 못하겠다고 고백하면서 묘사하는 그러한 끔찍한 죽음, 코로나19 환자들이 인공호흡기를 쓴 채 겪고 있는 저 임종의 고통, 그건 싫다. 부디 자비를! 그러한 죽음만은 피하게 하소서. 인공호흡기는 자연 호흡과는 정반대로 작동한다. 자연 호흡 시 당신은 숨을 들이쉬면서 흉곽을 부풀린다. 그 후, 진공이 생기면 다시 공기가 필요해진다. 인공호흡기의 경우 기관내삽관氣管內揷管을 하고, 중압을 가해 공기를 불어넣음으로써 여러 체액에 감염된 허파꽈리[폐포肺胞]를 열어젖힌다. 물론 당신은 쿠라레[1]로 마취 상태에 있겠지만, 이렇게 갑작스레 밀어붙여질 때 당신의 몸은 엄청난 타격을 받게 된다. 그때 당신은 광대한 대양 속에 뛰어든 것처럼 계속 가라앉는다. 당신은 물 밖에서 죽어가는 잉어처럼 산소가 부족하고, 혈압이 떨어지고, 신장 기능이 정지하고, 심장이 멈춘다. 지난 4월, 뉴욕에서 삽관을 했던 65세 이상의 거의 모든 확진자들이 사망했다고 한다. 죽음을 간신히 모면했던 2~3%의 사람들도 심각한 호흡곤란을 겪었고, 어떤 이들은 언어장애가 왔고, 다른 이들은 인지장애가 왔으니 더는 자기가 아니었다. 이 상태에서는 차라리 죽는 편이 낫다고 생각했을 것이다. 싫다, 정말이다, 나는 이런 식으로는 죽고 싶지 않다.

그러나 이렇게 죽어간다는 것조차, 저 멸망의, 가증할 것

---

1   [역자 주] 신경 근육 이음부에서 신경 전달을 차단하는 대표적 약물.

[2]인 죽음, 죽음 자체, '나의' 죽음에 비한다면 아무것도 아니다. 계속해서 '나는 살 수 없을 거야'라는 생각만 해서가 아니다. 죽음이란 자연으로 돌아가는 것이라고 이해하는 풍조가 속삭이는 것과는 달리, 또 에피쿠로스, 마르쿠스 아우렐리우스, 루크레티우스, 에픽테토스가 말했던 것과는 반대로, 죽음은 그러니까 완전히 삶의 외부에 존재하기 때문이다. 가방 속에 든 내 휴대폰처럼 죽음은 삶 '속'에 있는 것이 아니다. 나는 정말 드물게만 죽음을 생각할 뿐이지만 어쨌든 늘 죽음을 생각하기는 한다. 그렇기는 하지만, 살아서 죽음을 상상할 수 있는 방법은 전혀 없다. 또한 가짜 지혜들이 우리에게 말하는 것과는 정반대로, 죽음을 생각하면서 그것을 길들이는 방법은 더더욱 없다. 그러니 죽음이야말로 절대적으로 끔찍한 것이다. [9] 죽음은 불행이고, 그것도 굉장한 불행이다. 왜냐하면 죽음은 삶의 박탈, 선_善중의 선이라 할 수 있는 삶의 박탈이기 때문이다. 이러한 관점은 삶의 가치란 삶을 희생할 준비가 되어 있는지에 달렸다고 주장하는 사람들의 관점과는 반대된다. 그렇게 주장하는 본인들부터 솔선수범해보기를! 어쨌든 삶을 희생할 준비가 된 사람은 그렇게 말하지 않는다. 자신은 그럴 수 있다고 자부하는 사람이야말로 삶과 자만심에 끔찍하게 집착하는 사람이다.

복음서에는 예수의, 어쩌면 의미 없어 보이는 끔찍한 문장

---

2 [역자 주] 마태복음, 24장 15절

이 있다. "죽은 자들이 죽은 자들을 장사지내게 하라"[3]라는 문장이다. 기독교인이든 아니든 깊이 생각해보면, 이 문장은 대단히 심오하다. 죽음은 오직 죽음 자체의 문제이고, 삶과는 아무 관련이 없다. 죽음은 블랙홀과 같아 결코 빨아들인 것을 토해내는 법이 없다. 모든 정신을 한데 모아 죽음에 맞서, 싫다고 말해야 한다. 블라디미르 장켈레비치Vladimir Jankélévitch가 말하듯, 우리를 죽음으로 끌고 가는 돌이킬 수 없는 것과 싸우려면, "다가올 시간, 미래를 즐겁게 받아들이는 것"[4]이라는 단 하나의 처방밖에는 없다. [13]

---

3 [역자 주] 마태복음, 8장 22절

4 Vladimir Jankélévitch, 《돌이킬 수 없는 것과 노스탤지어 *L'Irréversible et la Nostalgie*》, Paris, Flammarion, coll. Champs essais, 1974, présentation.

2

—

코로나
회의주의

코로나 회의주의[1]

2020년 5월 20일

내가 '코로나 회의주의'라는 이름의 세계에 들어가게 된 계기는 저명한 철학자 앙드레 콩트 스퐁빌André Comte-Sponville이었다. 여러 해 전부터 그는 나와 왕래가 잦은 사람이었고, 나는 그의 재능을 높이 평가해왔다. '코로나 회의주의'는 대단히 추한 용어이기는 하지만, 내가 비판하는 진영에는 딱 어울린다. 나는 이 책에서 그를 ACS라고 명명할 것이다. 그의 이름을 줄여 쓰기 위해서라기보다는, 내가 반대하는 것은 그의 생각이지

---

1   이 장은 2020년 6월 4일자 온라인 저널 AOC(*Analyse Opinion Critique*)에 실린 것으로, 〈궤변주의라는 바이러스〉라는 제목으로 앙드레 콩트 스퐁빌에게 보내는 공개서한 형식으로 되어 있다. 이 철학자는 긴 답변을 했는데 여기에 모두 옮기기에는 너무 분량이 길다. 그의 편지는 2020년 6월 8일자 AOC에 발표되었다. 나는 독자들에게 그의 서한을 참조해 주시기를 간절히 부탁드린다. 나는 문제가 되고 있는 궤변적 사유를 해체하는 방식으로 대응했고 [5], [12]에 나의 비판을 연장해서 실었다.

그의 인격이 아니라는 점을 분명히 하려는 목적에서이다. 나는 그가 언론이며 라디오 방송에 마구잡이로 출연해서 항상 똑같은 이야기를 반복하며, 어디에서나 심할 정도로 팬데믹 이야기만 하는 세태를 유감스러워했다는 사실에, 기가 막혔다. 사실 그의 이야기는 자기 모순적인데, 정작 그 스스로 계속 팬데믹을 언급하고 있는 데다, 팬데믹 통제를 위해 엄청난 조치를 시행했지만 보건 위기의 심각성은 사실 별것 아니라는 같은 이야기를 장황하게 늘어놓고 있기 때문이다.

친구로서 나는 그 점에 충격을 받았다. '충격을 받았다'고 썼지만 적합한 말은 아니다. 특히 가치들 사이의 충돌이, '신들의 전쟁'이 일어나기라도 했던 것 같았다. 그러니까 어느 쪽이 옳은지 결정 불가능한 일이었다. 사실 사정은 그보다 훨씬 더 심각했다. 분명히 말하지만, 나는 이 주제에 관해서 그가 잘못 생각했고, 그의 논거는 명쾌하지 못했다고 주장한다. 이 점이 철학자로서 내가 우려하는 점이다. 그의 가치관이 내 목에 턱 걸린 채 남았던 것은 그 다음의 일이었다. 그런 말을 그가 했다는 점이 안타까웠다. 그의 논리가 여러 궤변들에 기대고 있다는 점을 사람들이 이해하게 되자, 자기 말을 우기면서 반복하는 성격 때문에 다들 불편해졌다. 궤변들이라고 했지만, 사실 그건 하나의 궤변이었는데, 그나마도 논리학과 형이상학을 들이대면 곧바로 드러나는 궤변이었다.

ACS가 자기보다는 언론에서 힘이 없지만 자기 못지않은 영향력을 행사했던 많은 지식인들을 결집한 훨씬 더 거대한 운동의 선구자였음을 내가 알아챈 것은 한참 후였다.

거짓 논변과
거짓 추론들

"세계의 종말이 온 것이 아니다!"

ACS는 자기 생각을 표현할 때마다 이 바이러스 SARS-CoV-2('코로나19'라는 명칭은 2019년형 '코로나바이러스 질병 CoronaVirus Disease'의 영어식 약자이므로, 프랑스어로는 여성형으로 쓰는 것이 더 나을지 모르겠다[2])의 낮은 치명률을 거론한다. 다른 지칭은 전혀 없는 '바이러스로 인한 치명률'이라는 표현은, 내가 10살인가 11살 무렵 역사 시간에 '나폴레옹 나이가 몇이었지?'라는 말로 나를 웃게 했던, 말이 안 되는 농담만큼이나 무의미한 말이다.[3] 당연히 바이러스로 인한 치명률은 그 바이러스에 고유한 특징, 그러니까 '근본적인' 특징이 아니라, 수많은 요인에 의해 좌우된다. 내적 요인도 있고 외적 요인도 있다. 이 치

---

2 [역자 주] 영어 disease에 해당하는 프랑스어는 여성형 la maladie이다.

3 [역자 주] 이미 죽은 인물이므로 지금 나이를 묻는 것은 이치에 맞지 않는다는 뜻.

명률, 다시 말해 확진자 수 대 사망자 수의 비율은 우선 감염병의 진전 상황이 좌우한다. 감염병으로만 보면 치명률은 낮아지게 된다. 감염병 억제를 위한 지속적인 방침(격리, 집단 면역 시도 등), 연령 분포도, 세계의 지역(온대지방과 열대지방 사이의 차이) 등 외적 요인들은 무수히 많다.

ACS는 자신의 모든 글에서 몇 마디를 제외한다면[4] 다음 이야기를 꺼내지 않은 적이 없다.

치명률이 1~2%로 보인다는 점을 기억해야 할까요?(비진단 확진자들을 고려한다면 분명 그보다도 낮지요.) 적어도 이 점이 우리 대부분에게 많은 희망을 준다는 점만은 말할 수 있습니다.

그가 여기서 대단한 궤변을 내놓았다는 점이 지적되었어야 했다. 그의 이야기가 수행하는 역할은, 문제가 되는 1~2%의

---

[4] 이러한 이유로 나는 독자들이 앙드레 콩트 스퐁빌이 2020년 4월 16일자 주간지 〈르 푸앵 *Le Point*〉에서 했던 대담을 읽어볼 것을 권한다. 그 대담의 제목은 "위생의 규칙에 빠지지 말도록 하자"이다. 〈필로소피 마가진 *Philosophie Magazine*〉에서 기획한 그와 프란시스 볼프Francis Wolff의 대담도 마찬가지인데, 이 대담은 2020년 6월호에 실렸다. 적어도 이 날(2020년 5월 20일)에 열 개의 다른 발언이 있었지만 전부 같은 생각의 되풀이일 뿐 아니라 사용된 용어도 동일하다.

치명률이 상한선이며 실제로는 분명 훨씬 더 안심할 수 있음을 알리는 것이다. 그런데 조금만 깊이 생각해 봐도 대부분 무증상 환자들(아직 정확한 비율은 알려지지 않았지만 20~40%로 추정되는데, 이는 상당한 비율이다)인 비진단 확진자들을 고려해봐도 코로나19로 사망할 확률은 '전혀 변하지 않는다'는 점이 명백하다. 이런 식으로 계산하면 치명률은 분명 감소한다. 그러나 바이러스 감염율은 같은 비율로 증가한다. 결국 확진자 대비 사망률로 계산하지 않고 인구 대비 사망률로 계산하면 치명률은 그대로이다. 치명률은 생각했던 것보다 낮지만, 바이러스 전염성은 훨씬 더 높은 것이다. 바이러스에 걸려서 죽을 확률은 낮다고 해도, 바이러스에 감염될 확률은 더 높다.

ACS는 이렇게 덧붙인다.

이 바이러스로 프랑스에서 수천 명이, 전 세계적으로 수백만 명이 죽을 수 있습니다. 이것은 공중 보건이라는 면에서는 대단히 심각한 것이고, 그래서 격리가 정당화되지요. 그런데 개별적으로 보았을 때는 정말 위험한 것은 아니거든요(전염성은 중간치이고 치명률은 낮습니다).

어떤 바이러스의 전염성이나 바이러스로 인한 치명률이나 나폴레옹이 몇 살인가의 문제나 아무것도 의미하지 않는다는 점에서는 같다. 중요한 척도는 모두가 들어봤을 감염재생산

지수 R, 그러니까 1명의 신규 확진자로 인해 발생하는 직접 감염자의 수이다. 이 지수는 코로나 감염병 초기에 3.5였다가 1차 격리 국면 말기인 5월 11일에는 0.6까지 급감했다. (콜롬비아 대학의 한 연구에 따르면 팬데믹 초기 중국에서 이 지수는 놀랍게도 5.7까지 올라갔다.) 이것은 원자핵 연쇄반응과도 같다. R이 1 미만이면 감염병은 생을 마감하고 소멸하지만, R이 1 이상이면 폭증한다. 이 감염병이 계속 커지도록 방치했다면 파국이 왔을지도 모른다. 10회의 거리두기 기간(각 기간의 간격은 말하자면 2주에 해당한다)이 지난 후, 즉 6개월이 채 안 되었을 때 R이 3.5라면, 확진자 한 명 한 명은 처음에 3.5였다가 10의 제곱으로 늘었을 테니, 275,000명 이상의 확진자가 나왔을 것이다. 이것이 지수함수의 마법이다. 함숫값이 클수록 단위시간당 값의 증가폭은 더 커진다. 그 값에 비례하여 증가폭이 커지기 때문이다. 그런데도 이를 '중간치의' 전염성이라고 할 수 있을까? 코로나 바이러스가 정점을 찍었을 때 전염성은 극단적으로 높았다. 다행히 프랑스의 경우였기에, 극약처방을 통해 전염 속도를 임계점 아래로 낮출 수 있었다.

코로나바이러스에 대한 작은 '지침서'는 분명 도움이 된다. 경고사항Caveat: 내 문장들에서는 이 바이러스가 의도성intentionalité을 지닌 것처럼 표현된다. 그러나 이 바이러스에게는 전혀 의도성이 없다. 심지어 이들은 생명체조차 아니다. [8] 생물학자들은 이런 식으로 질러나간다. 그들은 이러한 은유적 표현

밑에 감춰진 자연선택의 문제를 순전히 기계적으로 설명하는 것이다. 바이러스는 살아 있는 것이 아니라 생명을 열망한다. 그것은 궁극의 기생체로, 숙주, 즉 살아있는 존재를 필요로 한다. 코로나바이러스는 자기가 숙주를 죽인다면 자살하는 꼴이라는 걸 이해하고 있다. 바이러스는 자기 복제율을 극대화하기 위해 치사율을 전염력으로 대체한다. SARS-CoV-2는 이러한 진화의 귀결점이다.

백신과 치료법이 부재하는 상황에서 너무나도 신속히 팬데믹이 되어 버린 이 감염병을 통제하는 최선책은 사람 간 전염의 고리를 끊는 것이다. 모두가 이것을 말했고, 그것도 물리도록 반복해서 말했다. 프랑스의 경우, 처음 한 번은 이 고리 끊기에 성공했던 것 같다. 하지만 지수 R이 통제 불가능한 수준으로 뛰어오르지 않도록 주의해야 할 것이다. 그런 사태가 정말이지 눈 깜짝할 새에 일어날 수도 있다.

이 팬데믹은 정상을 벗어난 사건이고, 따라서 정상을 벗어난 조치들로만 싸울 수 있다. 세계 인구의 절반이 격리되었다. 프랑스의 경우 이 조치가 효과적이었던 듯하다. 과연 그런 조치를 시행할 필요가 있었는지 질문하는 것 자체가 궤변이다. ACS는 이 팬데믹이 "어찌됐든 세계의 종말도 아닌데" 왜 2개월 이상이나 산업계의 경제활동을 정지시켰느냐고 썼다. 왜 공연히 야단법석을 떨었단 말인가? 이 사건은 서기 2000년으로 넘어가면서 전 세계의 컴퓨터 과학자들이 컴퓨터가 다운되지 않을까 자

문했을 때의 대공포를 떠올리게 한다. 연도를 코드화하는 데 두 자리 숫자만 썼으므로, 1900년과 2000년이 구분되지 않을 것이라는 우려였다. 그리하여 심각한 결과들이 꼬리에 꼬리를 물고 일어나게 될지 몰랐다. 엄청난 수단들이 동원되었던 까닭에 걱정했던 파국은 일어나지 않았다. 많은 사람들은 별것 아닌 걸로 호들갑을 떨었다는 결론을 내렸다. |5| 이 유사성이 앞의 궤변의 본질을 명확히 말해준다. 대부분의 코로나바이러스 회의주의자들은 다양한 방식으로 이 궤변을 미화하고 있다. 나는 앞으로 이 궤변을 '2000년의 궤변'이라고 부를 것이다. [5]

"빈곤으로도 죽는다. 그것도 바이러스 이상으로"

이 문구는 코로나 회의주의가 지겹도록 되풀이하는 것이다. 브라질 대통령의 표현을 인용하자면, 팬데믹을 '별것 아닌 독감grippette' 이상으로 간주했다는 비판이다. 어쨌든, 여기저기서 야단법석을 할 정도의 천재지변까지는 아니며, 과도한 강제 조치들을 취하게 되면 우리 경제는 무너지고 빈곤을 촉발할지 모른다는 것이다.

그러나 이러한 비교는 근거 없는 것이고, 심지어 비합리

---

5 영어로 Y2K라는 이름으로 알려진 것으로, Y는 *Year*, 2K는 2000년을 뜻한다.

적이기까지 하다. 경제가 무너져서 죽은 사람들의 수도, 바이러스가 원인이 되어 죽은 사람들의 수도 정확히 측정할 수는 없다. 그 수는 가변적이고, 이 경우 이 둘은 상호의존 관계에 있으므로 더더욱 가변적이다.

이해를 돕기 위해 간단한 표기법을 사용해 보겠다. 각각의 사망자 수를 M과 V라고 불러보자. M은 빈곤으로 인한 사망자 수이고, V는 바이러스로 인한 사망자 수이다. 경제를 압박하는 강력한 보건 조치로 효과를 보았다면 M은 더 높아지고 이와 연동된 V는 더 낮아지리라고 예상해야 한다. V가 낮아지면 M은 높아지므로 빈곤으로 인한 사망자(M)가 바이러스로 인한 사망자(V)보다 많아지는 불가피한 순간이 올 것이다. 그러나 이 점만 가지고는, 충분히 효과적인 보건 정책 조치들이 경제의 관점에서는 고비용을 치르게 한다는 사실 말고는, 빈곤과 바이러스 일반의 주제에 관해서는 아무것도 입증하지 못할 것이다. M이 충분히 커진 상황에서, M에서 V를 빼면 음수가 아닌 양수가 나온다.

ACS는 국가적 토론에 경제학자들이 등장하지 않는 사태를 유감으로 여겼다. 나로서는, 이렇게 말할 수 있다면, 경제학자들의 생각이 생명의 가치라는 중대한 문제에 관해 너무 많은 입장 표명들을 불러오리라 생각한다. [10] 그러나 적어도 합리적 선택 이론은 경제학자들의 영역에 속하므로, 그들은 M과 V를 단순 비교함이란 오류이며, M과 관련된 상이한 여러 가치들을 비교하는 일이 필요했음을 지적할 수도 있었을 것이다. M이 높으면 V는 낮다. 하지만 M이 낮았다 해도 바이러스가 우리에게 가하는 위협에 아랑곳없이 이전처럼 살았다면 V는 상당히 높았을 것이다. 이 점을 알아보려면, 내 제2의 조국이라 할, 브라질과 미국에서 어떤 일이 벌어졌는지 보기만 하면 된다. 미국에서 이 질병의 심각성은 뒤늦게 알려졌다. 거리두기 조치가 2주 늦게 실시되었던 것만으로도 55,000명이 목숨을 잃었다. 브라질의 경우, 수많은 희생자가 계속 나오고 있다. 브라질에서 벌어지고 있는 실제 참사는 공식적으로 발표된 사망자 수에 10~15의 숫자를 곱해야 추산이 가능하리라 생각된다.

더욱이 초기에 M이 낮다는 시나리오에서, 오랫동안 M이 그 상태를 유지할 것인지는 확실하지 않다. 공동묘지에서 경제를 돌릴 수는 없는 것이다. 의미를 둘 수 있는 유일한 비교는, 보건의 파국과 경제의 파국, 이 두 파국의 시나리오를 대립시키는 것이어야 한다. 즉, 많은 논객들이 그렇게 하듯 경제의 파국과, 경제의 파국을 감수한 결과 적당히 호전되었다고 볼 수 있는 보건 상황의 비교여서는 안 된다.

다시 한 번, 그리고 계속해서 우리는 서기 2000년의 궤변이라는 함정에 빠진다. 보건 상황이 적당히 호전되었으므로 이와 관련된 경제적 비용이 엄청나게 든다는 점을 강조하고들 있다. 마치 보건상황이 적당히 호전되는 데 엄청난 경제 비용 소요가 불가피하기라도 했듯 말이다. 이것은 완벽한 오류이다!

보건 상황을 보여주기 위해서는, 관련 경제 비용이 실제로 들지 않는 '반反사실적' 시나리오를 고려하는 것[6]으로 충분할 것이다. 그때야 비로소 보건 파국의 관점에서 소요되는 비용이 얼마인지 알게 될 것이다. [5]

> **"치료비용이 너무 높다. 우리에게 세상에서 가장 훌륭한 치료법이 있다면 그것은 우리가 부유한 국가라서 그렇다. 경제를 붕괴시키면서까지 보건 비용을 증가시킬 수 있다고 생각하는 것은 명백한 모순이다."**

경제와 보건을 둘러싼 이 논쟁은 사실 이미 경제와 생태학을 둘러싸고 벌어졌던 논쟁이다. 지구 온난화에 맞서려면 번영의 경제와 역동적인 성장이 필요하다고들 했지만, 문제는 역동적인 성장이 지구 온난화를 가속화한다는 데 있다. 현재의 경우, 지나치게 일찍, 그리고 지나치게 빨리 격리 해제를 하면서 경제를 강력하게 보호한 탓에 소위 세계 최고의 의료가 무너졌다면, 이 점에 대해선 '어떻게 생각하시는가?' 이 인과관계는 따로 떼어놓고, 보건과 환경에 대한 부정적인 결과는 차치한 채, 강력한 경제를 현재진형형의 파국에서 빠져나갈 수 있을 다행

---

6   [역자 주] 경제 비용을 들이지 않았거나 적게 들였다면 지금 보건 상황이 어떻게 되었을지 예측해보는 일.

스러운 출구의 필요조건으로 간주하고, 경제가 확실한 보증서라도 되는 양 행동한다는 데 진짜 모순이 있다. 하지만 이 모순은 사람들이 성토하고 있는 모순보다는 덜 확실하다. 이것은 2000년의 궤변의 변주 그 이상이다.

코로나 회의론자들 대부분은 합리적 선택의 이론가들이 아니라 철학자들이다. (미국에서 가장 위대한 철학자들, 형이상학자들, 심지어는 신학자들 중 몇몇이 결정적으로 합리적인 선택 이론에 공헌했다. 나는 특히 윌러드 밴 오먼 콰인W. V. Quine, 도널드 데이빗슨Donald Davidson, 데이비드 루이스David K. Lewis, 로버트 스탈네이커Robert Stalnaker, 그레고리 카브카Gregory Kavka, 앨빈 프랜팅가Alvin Plantinga를 생각한다. 그러나 우리는 프랑스에 있고, 국경은 단단히 관리되고 있다.) 지금 내가 고발하는 궤변은 철학에서, 더 구체적으로는 양태樣態modality의 형이상학에서 아주 잘 알려진 것이다. 서기 2000년의 궤변이라는 유사 사례로 돌아가보자. 발생하지 않았던 어떤 상황, 즉 걱정했던 프로그램의 대오류는 가능한 일이 아니었고, 당연히 진행해야 했던 일(컴퓨터 시스템을 늦지 않게 교체하는 데 몇 십억을 썼다)이었음에도 쓸데없는 데 비용을 낭비했다는 식으로 생각하는 이들이 당시에는 많았다.

발생하지 않은 일은 불가능하다는 양태의 이론들이 있다. 나는 베르그손이 자신의 에세이《가능한 것과 실제적인 것 *Le Possible et le Réel*》에서 윤곽을 잡았던 이론을 생각해본다. 이 이론에 따르면, 가능한 것은 실재보다 먼저 존재하는 것이 아니라, 그저 실재와 함께 발생한다. 나는 특히 디오도로스 크로노스Diodore Kronos의 소위 '지배자dominateur' 논변을 생각하고 있다. 그는 마지막 공리에서 결코 실현되지 않을 가능성이 존재한다고 말한다. 디오도로스의 추론이 도달한 이 마지막 공리를 부정해보면, 모든 가능한 것은 실현되거나 실현되지 않는다는 점이 확인된다. 결코 실현되지 않는 사건은 불가능한 것으로 간주되어야 한다. [5]

그러므로 어떤 의미에서, 2000년의 궤변을 정당화하는 양태의 이론들이 존재한다. 그러나 그 이론들이 일관적일지는 몰라도, 그 이론들이 도출해내는 결론은 달갑지 않은 것임을 분명히 알아야 한다.[7] 특히 이 이론에서는 어떤 예방책도 생각해내는 것이 불가능하다. 예방책을 써서 성공했다 해도, 그 예방책은 곧 실패할지도 모른다. 예방이 필요한 사건 자체가 실현되지 않으므로 불가능할 것이기 때문이다. 따라서 예방책이 성공하는 순간조차 하나마나한 것으로 보일 것이다. 이것이 바로 궤변이다.

코로나19 팬데믹은 극단적으로 심각하다. 행운(백신의 발견)이나 기적(바이러스가 심하지 않은 형태로 돌연변이를 일으키

---

7 《해석에 관하여 De Interpretatione》에 실린 지배자 논변에 대한 아리스토텔레스의 반발을 참조.

는 것인데 이는 벌써 생긴 일이다)이 일어나지 않는다면 이 재앙은 우리와 오래도록 함께할 것이다. 회의주의자들이 전력을 다해 그렇게 하듯, 허울 좋은 논변을 내세워 재앙의 결과를 최소화하려는 시도는 정말이지 시민정신이 결여된 행동이다. 사유 능력, 그러므로 추론 능력이 없다면 진정한 시민의 자격도 없기 때문이다. 사유 능력이 추론 능력으로 축소되는 것은 분명 아니지만, 사유 능력이 있더라도 추론 능력이 없다면 그저 의미 없는 빈말이나 만들어낼 뿐이다.

나를 불쾌하게 만드는
가치 판단에 대하여

ACS는 이 감염병이 대부분 그가 '노인들'이라고 부르는 이들을 희생시킨다고 우긴다. 주요 언론에서는 연령을 '사망 위험의 주요 요인'으로 꼽는다. 보건부 장관은 사망자의 90%가 65세 이상의 고령자라는 말을 반복한다. 이 말을 듣고 나는 오래전 국영 복권이 고심해서 제작했던 한 광고를 떠올렸다. 당첨자의 100%가 복권을 구입했다는 광고였다. 이 문장을 두고 허위 광고라고 비난할 수는 없다. 진실을 말하고 있기 때문이다. 유머러스하게 표현하고자 했던 것인데, 이 유머가 많은 사람들의 머릿속에 떠올라 그 결과 그들이 복권을 구입하게 되었는지 나는 그저 궁금할 뿐이다. 확률론이라는 주제에서 궤변은 예삿일이며, 방금 그 중 몇을 살펴보았다. 물론 우리는 복권에 당첨될 행운을 시험해보러 키오스크에 가듯 밥 먹듯이 나이를 바꿀 수는 없다. 그러나 나는 적잖은 노인들이 보건부 장관의 그 말을 하도 듣고 읽어서 신변의 위험을 느꼈으리라는 가능성을 배제하지 않는다.

복권에 당첨되려면 분명 행운을 시험해 봐야 한다. 그러나 그렇게 해본들 당첨 기회는 무한소에 불과하다. 확실히 고령자는 바이러스로 죽기 쉽다. 하지만 노인이 이 바이러스로 죽을 가능성은 정확히 얼마나 될까? 이 계산은 식은 죽 먹기이다. 2020년 5월 20일에 이 바이러스로 28,000명이 죽었고, 그 중 90%가 65세 이상이었으니, 25,000명이 된다. 프랑스 인구에서 65세 이상의 인구는 대략 1,260만 명이니, 이 집단의 치명률은 0.2%이다. (바이러스에 감염된 사람들의 치명률이 아니라, 전체 인구 대비 사망률을 말하고 있다는 점에 주의하자.) 그러므로 노인들로서는 귀가 얇은 사람이 복권에 당첨될 확률보다 이 바이러스로 죽을 확률이 더 높다. 그러나 이 바이러스가 아니었어도 노인들이 다른 원인으로 조만간 사망할 수도 있음을 굳이 언급하지 않더라도, 이 확률은 상대적으로 분명 낮다.

물론 이 다행스러운 결과는 65세 미만의 사람들이 각자 지켜냈던 격리생활, 다른 사람들 앞에서 취했던 분별 있는 행동, 많은 고령자들의 고립된 삶이 빚어낸 결과물이다. 한편, 의료시설을 구비한 양로원들에서 많은 사망자들이 나왔던 것은 그

반례反例가 되겠다.

노인들이 젊은이들과 덜 늙은 사람들에게 빚을 지고 있다고 많은 이들은 강조한다. 하지만 여기서 언급되지 않은 것은, 후자가 바로 노인들에게 바이러스를 옮기는 사람들이라는 사실이다. 그들의 지수 R은 분명 노인들의 지수 R보다 높은데, 격리 해제 초기의 경험으로 이 점은 확실하게 알 수 있다. 많은 젊은이들은 감염병이 돌 때 우리 모두가 감염자인 동시에 감염유발자라는 점을 모르는 듯하다. 젊은이들은 큰 희생을 치를 사람들은 노인들이라는 점을, 이들 노인들만큼이나 잘 알고 있고, 따라서 자기들은 모든 구속에서 벗어나 있다고 믿는다. 하지만 젊은이들은 바로 그런 식으로 자기 부모와 조부모를 감염시킨다. ACS가 세대 간의 연대 문제로 자신을 비판했던 철학자 프란시스 볼프Francis Wolff에게 쓴 답변에서 침묵으로 일관했던 것이 바로 이 사안이다.

그것은 통상 비대칭적인 연대이며 그렇게 될 수밖에 없다. 나는 관례대로 부모들이 자기 아이들을 위해 희생해주면 좋겠다. 그런데 정반대가 아닌가! 우리 중 제 아이들을 위해 생명을 내놓지 않을 사람이 어디 있겠는가? 아이들이 우리를 살린다고 자기들 생명을 내놓는 것을 누가 받아들이겠는가?

여기서 ACS는 두 가지 점을 잊고 한가지 오류를 범했다.

그는 이러한 관례가 완전히 대칭적이라는 점을 잊고 있다. 민법 205조 및 이하에는 "모든 아이는 부모가 필요할 때 자신의 경제적 능력 및 수익자의 필요에 따라 부모에게 도움을 주어야 한다"고 규정하고 있다. 그리고 특히 그가 잊고 있는 것은 조국을 방어하거나 다른 국가를 공격하기 위해 무기를 들어야 할 때, 젊은이들을 전쟁터에 내보내는 이들은 노인들이지, 그 반대가 아니라는 사실이다. 그가 범한 오류는 노인들과 젊은이들의 상호성을 보지 않는다는 데 있다. 젊은이들은 자기들보다 나이 많은 사람들에게 바이러스를 옮긴다. 따라서 젊은이들이 노인들처럼 격리라는 희생을 치러야 한다는 점은 기본이다.

ACS는 노인들에게 정말 엄격하다. 그는 이렇게 쓰기도 한다.

> 어떤 점에서 평균 연령 81세[8]인, 코로나바이러스로 인한 사망자 15,000명[오늘의 사망자는 28,000명이다]이 [프랑스 연간 사망자 숫자인] 600,000명보다 우리의 동정이나 관심을 더 받을 가치가 있는 것일까?

---

8 12장의 사유를 참조. ACS는 여기서 중대한 오류를 범했다. 숫자보다는 개념의 오류이다. 나는 내가 이 장을 쓰고 있을 때 그 오류를 미처 파악하지 못했다.

다시 한번 악마는 삽입구 속에 몸을 숨긴다. 그는 왜 특별히 노인들에게 관심을 가지는 것일까? 설상가상으로 그는 노인들은 삶에 애착이 없다고 지적한다. 그는 이렇게 쓴다.

[…] 노인들은 […] 확실히 젊은이들보다 위험에 더 노출되어 있지만 종종 더 기꺼이 죽음을 받아들인다. 그들이 옳다! 68세에 죽거나 90세에 죽는 것은, 20세나 30세에 죽는 것보다 훨씬 덜 슬픈 일이다.

그의 심리학이 그의 논리학만큼 거짓일까봐 걱정스럽다. 그래서 나는 가장 위대한 프랑스 시인의 말을 그에게 들려주고 싶다.

가장 죽어 마땅한 사람이 가장 후회하며 죽는 법이다.
(라 퐁텐)

어떤 사람의 인생에서 손윗사람, 아버지, 어머니, 조부의 죽음이 잔혹한 참극이 아닐 수도 있다고 그는 정말 믿는 것일까? 마음을 정리하는 데 10년 이상이 걸렸던 이들을 나는 만나 봤다. 사실을 말하자면 마음은 결코 정리되지 않는다. 장례를 치르고 나서, 오래된 가족의 집을 치우고, 시간이 흘러 빛바랜 사진을 정리하기만 해도, 억누를 수 없는 슬픔에 휩싸이고 지나간 엄청난 고통이 되살아난다. 그럼에도 노인요양시설에서 죽은 노인의 친지들은 정작 고인의 관 앞에서는 눈물조차 흘릴 수 없었다.

그러나 ACS는 이러한 것들은 개의치 않고 넘어간다. 그리고 그 기세로 계속 전진해서는 점점 더 위험한 곳까지 건드리고 마는 것이다.

[…] 모든 죽음의 가치가 똑같지는 않다. 60이 넘어 죽는 것보다는 20세나 30세에 죽는 것이 더 슬픈 일이다. […] 젊은 이들은 손윗사람들에게 무관심하다고 보일까봐 그러한 말은 잘 꺼내지도 못한다.

내 아이들과 내 손자가 이들 젊은이들 사이에 끼지 않기를 바란다. 그런데 그는 한결 더 강하게 말한다.

[…] 모든 삶이 똑같이 가치 있다고 […] 누가 뭐래도 나는 말하지 않을 것이다. 장 카바예스Jean Cavaillès[9] 같은 영웅의 삶은 독일전범 클라우스 바르비Klaus Barbie[10] 같은 더러운 자의

---

9 [역자 주] 프랑스 철학자로 2차 대전 동안 레지스탕스 운동에 참여했다가 1944년 총살되었다.

10 [역자 주] 독일 게슈타포의 총수로, '리옹의 도살자'라는 별명으로 불렸다.

삶보다 더, 그리고 훨씬 가치가 있다.

파리에 격리된 상태에서도 나는 스탠퍼드에서 강의를 했
다. 여기서 전치사 '에서(à)'는 분명히 터무니없는 것이다. 캘리
포니아 캠퍼스는 완전히 봉쇄되었고, 모든 강의는 줌을 통해 원
격으로 이루어진다. 내 학생들은 캘리포니아에서 상하이까지
지구 곳곳의 자기 집에 돌아가 있다. 이 철학 강의의 주제는 '악'
이었다. 우리는 한나 아렌트가 1961년에 예루살렘에서 아돌프
아이히만Adolf Eichmann[11] 재판을 탐방하고 쓴 저 위대한 고전을
공부했다. 나는 잊고 있었던 다음의 대목과 마주쳤다. 유태인
학살계획을 승인한 반제Wannsee 회의[12]에 관해 아렌트가 쓴 장
의 마지막 부분이다.

오늘날 독일에서 '우월한 유대인'이라는 관념이 완전히 잊힌
것은 아니다. […] 사람들은 여전히 다른 모두를 희생시켜서
라도 구했어야 할 이들 '유명한' 유대인들의 운명을 슬퍼한
다. 특히 교양을 갖춘 엘리트 중에서도 아인슈타인을 보내버

---

11   [역자 주] 나치 친위대 장교로 유대인 학살의 실무 책임자로, 독일 항복
후 신분을 숨기고 아르헨티나로 이주했다가 체포되어 재판을 받고 처형되
었다.

12   [역자 주] 독일이 점령한 소련과 동유럽 지역의 유대인을 학살하기로
한 나치 수뇌부의 결정을 승인한 회의.

렸던 일을 공개적으로 후회하는 사람들은 드물지 않다. 비록 천재는 전혀 아니었지만 길모퉁이에 살았던 어린 한스 콘 Hans Cohn을 죽인 것이 훨씬 더 엄청난 범죄였다는 점은 깨닫지도 못하고서 말이다.[13]

치료 수단이 없다시피 한 상태에서, 의사나 (국가에 따라 다르겠지만) 보건 당국이 죽어가도록 방치할 사람들을 희생해서라도 꼭 치료해야 할 환자들을 선택(프랑스어로는 '선별tirage'이라고 부른다)하게 된다는 점은 모두가 알고 있다. [7] 프랑스는 가까스로 이 지독한 선택에서 벗어났다고들 한다. 그런데 ACS의 확고한 철학은 오늘날 미국에서 유행하는 철학과 동일한 것이다. 선별기준은 순전히 결과주의적이다. 즉, 살린 사람들의 수가 아니라 살린 '해(年)' 수를 극대화하는 것이 중요하다는 생각. ACS가 이 선별기준을 높이 평가하고 있을 것이라고 나는 생각했다. 그는 60세 이후에 죽는 것보다 20세나 30세에 죽는 것이 더 '슬픈' 일이라고 하지 않는가?

이러한 생각은 나로서는 끔찍해 보인다. 분명 내가 받은 기독교 교육으로 인해 나는 이렇게 반응한다. 모든 생명, 모든 죽음은 설령 생의 마지막에 와 있는 노인의 죽음도, 누가 봐도

---

13 《예루살렘의 아이히만 *Eichmann in Jerusalem : A report on the Banality of Evil*》, Penguin Books, 1997, p. 134. (인용자의 번역)

재능을 갖고 태어나지 않았음이 분명한 소년의 죽음일지라도 동일한 가치가 있다. 그들의 죽음은 가까운 이들의 애도를 받을 것이다. 불행히도 울어줄 가까운 이들이 그들에게 없더라도, 같은 하늘 아래 살고 있었다는 그 사실이 기쁨이 되었던 남자들이나 여자들의 애도를 받을 것이다. 삶과 삶의 행복의 개념에는 이기적인 데가 전혀 없다. 완전히 그 반대이다.

그러나 더 나쁜 것이 있다. 이 사실을 언급하는 것으로 이 글을 마무리하고자 한다. ACS가 자신의 윤리적 선택에 부여했던 가장 중요한 정당성은, 자신은 희생할 준비가 되어 있다고 말할 정도로 느끼고 있는 자긍심에 있다. 삶과 경제를 계속 유지하기 위해 노인들이 자기희생을 하는 것이 선善과 정의에 부합하는 일이라는 주장의 근거는, 그 원칙을 말하는 이들이 노인들이었다는 점이다. 나는 복음서의 메시지가 이보다 더 나쁘게 타락할 수는 없다고 생각한다. 자기희생은 그것만으로는 진리와 정의의 기준이 전혀 될 수 없다. 9월 11일의 테러리스트들은 자신들의 대의를 완수하기 위해 기꺼이 목숨을 던졌다. 반면, 나 역시 노인이지만 나는 다른 사람들을 위해 죽을 각오가 되어 있지 않다. 내가 살고 싶다면, 그것은 정확히 다른 사람들을 '위한' 것이기 때문이다.

3
—

이른바
'생명의 신성화'
라는 것에
대하여

3

이른바 '생명의 신성화'라는 것에 대하여

2020년 6월 28일

　지난 6월 26일 한 공영 라디오 방송은 바이러스가 만연한 현실에서 지방선거 준비가 어떻게 되어 가고 있는지, 그 상황에 관해 보도했다. 투표율이 급감하지는 않을까? 유권자의 신분을 일일이 확인하고, 선거 명부에 서명하게 하고, 유권자 카드에 도장을 찍어 줄 위원장이며 배석자의 직무를 온종일 수행할 만큼 자발적인 시민들을 충분히 찾을 수 있을까? 낭시Nancy의 한 투표소에서 배석자의 직무를 승낙한 한 부인에게 질문이 갔다. 리포터는 그녀에게 두렵지 않느냐고 물었다. 그녀는 대체로 이렇게 대답했다. "오! 아시겠지만, 이 바이러스 정도로는 제가 시민의 의무를 다하지 못하게 할 수는 없을 거예요. 투표가 곧 생명이니까요!"

　모두가 이 부인의 말에 감탄할 수밖에 없었다. 하지만 내 안에 도사린 악마가 그녀가 썼던 단어들을 이렇게 바꿔보라고 일렀다. "아시겠지만, 제 주변 사람들을 감염시킬지 모르는 위험 정도로는 제가 시민의 의무를 다하지 못하게 할 수는 없을 거예요. 투표가 곧 생명이니까요!"

이 표현에는 틀린 구석이 전혀 없다. 지금 우리가 바이러스에 노출되어 있고, 바이러스를 우리의 체세포 속에 들여앉히면 건강이 위태로워진다는 점을 모를 사람은 없다. 그러나 이 감염병의 현 단계로 볼 때, 아마 감염자 개인이 아니라 2~4인의 건강이 위태로워질 것이다. 그 부인의 나이는 언급되지 않았지만 그녀의 부모가 아직 살아계시고, 그녀가 두 분을 자주 방문했다고 가정한다면 (그녀가 이행하려는 시민의 의무와) 고령의 두 사람의 생명이 단번에 천칭의 접시 위에 오르게 된다. 최선의 경우라면 용기 있는 행위로, 최악의 경우라면 허세로 보일 수 있는 행위가 동시에 고통스러운 윤리적 선택이 되었다. 이 선택은 도발적인 형식의 슬로건 이상의 가치가 있다. 공공선과 가족애 사이에서 경솔하게 결정할 수는 없는 일이다.[1]

그러나 나는, 그녀가 아마도 자신이 감염되도록 방치하는

---

1   알베르 카뮈는 1957년 12월 12일 노벨문학상 수상을 위해 스톡홀름에 체류하던 중 스웨덴 학생들 앞에서 이렇게 선언했다. "바로 지금 누군가 알제리의 전차에 폭탄을 던지고 있습니다. 제 어머니가 그 전차를 타고 있을 수도 있습니다. 그러한 것이 정의라면, 저는 제 어머니를 선택하겠습니다." 칼 구스타프 뷔르스트롬Carle Gustav Bjurström이 《스웨덴 강연 *Discours de Suède*》 (Paris, Gallimard, coll. Folio, 1997)의 발문에서 언급한 내용. 카뮈의 적들은 그의 평판을 더 확실히 추락시키기 위해 이 인용문을 종종 왜곡하곤 했다.

일이 곧 바이러스의 확산을 돕게 되는 사건임을 몰랐을 것이라고 생각하게 되었다. 우리가 위험한 행동에 뛰어든다면, 그것은 자기보다는 타인들을 위한 행동이다. 많은 시민들의 행동을 통해 판단해보자면, 시민들은 이 점을 아직 이해하지 못했다. 무지와 어리석은 행동은 이기주의나 악의보다 더 큰 악이다.

그러나 다시 잘 생각해보면, 그 부인이 한 말 중에 더욱 기이했던 것은 마지막 말이었다. "투표가 곧 생명이니까요!" 사람들은 그녀가 정치적 가치의 세계와, 생명 간 대립이라는 딜레마를 대단히 강력한 표현으로 깔끔히 해결했다고 생각했다. 글쎄, 그렇지는 않을 것이다. 그녀의 주장은 국가의 생명이 한 개인의 생명보다 훨씬 중요하다는 것이었다. 모든 것을 고려해 봤을 때 그녀가 긍정한 것은 여전히 '생명la Vie'의 우위였다.

*

2020년 봄, 프랑스 전체가 경험했던 격리 기간 동안에 프랑스 사상계에는 기이한 일들이 발생했다. 벌써 10년, 20년 전부터 볼 수 있었던 여러 경향들이 격화되었고, 간혹 광기에 이르기도 했다. 뛰어난 저자들, 그러니까 한편에는 정평이 난 철학자들, 다른 편에는 재능 많은 에세이스트들, 또 다른 편에는 작가들, 영화인들, 화가들, 철학에 다소 능한 저널리스트들은 논리 정연하게 토론한다면 끈기 있게 지켜야 하는 선을 넘어섰다. 사유라는 말로 표현할 수 있는 자기 자신과의 내적 대화가 집에 갇혀 있었던 바람에 더 쉬워졌을는지도 모르겠지만, 일상 생활이었던 교류가 막혀버리자 끈질긴 고정 종양들abcès de fixa-tion²이 생기기라도 했던 것 같다.

그 종양 중 하나는, 살아가면서 마주치게 되는 모든 걱정거리에 앞서 생명 보전에 지나치게 큰 중요성이 부여됐다는 폭로였다. 보통 사람들의 프랑스는, 간호보조사부터 소생술 전문의까지 생명을 구하기 위해 심신을 다 바쳤던 모든 이들의 헌신을 날마다 기렸다. 반면, '지식인'이라고 불리는 이들 중 일부는 까탈을 부리며 생명과 관련해 중요한 것은 '날것 그대로의brute' 생명, '벌거벗은nue 생명'뿐이라고 했고, 어떤 이들은 경멸조로 (⋯) '생존'뿐이라고 말하기도 했다.

조르조 아감벤Giorgio Agamben은 특히 프랑스에서 잘 알려진 이탈리아 철학자이다. 그도 생각했겠지만 자신의 명성을 등에 업고 아감벤은 기괴하게 들리지 않을까 하는 우려도 없이, 격리로 인해 "인류와 야만을 가르는 억제선이 무너졌다"고 단언했고, (4월 중순의 일이다) "어떻게 한 국가 전체가 그저 단순한 질병 앞에서 스스로 깨닫지도 못하면서 정치적으로 또 도덕적

---

2 [역자 주] 종양이 커지는 것을 막기 위해 테레벤틴 따위를 주입해서 형성된 것으로, 그 자체로는 좋지 않으나 위험한 원칙이 확산되는 것을 방지하는 사건이나 행위를 가리키는 말로 쓴다.

으로 무너지는 일이 가능한가"[3]라고 물었다. 그리고 공동체살이의 보전보다 '벌거벗은 생명'을 우선시하는 사회는 죽음보다도 끔찍한 운명을 받아들이는 사회라고 말했다. 아감벤이 놓치고 있지 않나 싶은 것은, 그의 고담준론이, 트럼프의 말에 감히 대들면서 시민들에게 마스크 착용을 강요하는 주지사들을 협박하기 위해 손에 무기를 들고 국회의사당 계단 앞에 서서 고함을 지르는 미국 극우파 집단들의 말과 합류한다는 것이다. 아감벤 같은 이의 지적 무력시위는 저 반동적인 폭력의 '얌전한soft' 버전이다. 아감벤은 자기가 제시한 '벌거벗은 생명'이라는 개념으로써, 브라질 중서부의 토지 없는 가난한 농민들의 삶을 단순하고 '동물적'이라고 경멸하지만, 그 삶은 저 브라질 농민들이 알고 있는 유일한 삶으로, 부패한 정부의 태만으로 인해 위협받고 있다. 정확히 말해서, 자기네 정부가 지나치게 많이 한다고 아감벤이 비난하는 행동을 브라질 정부는 아예 하지 않고 있는 것이다.

수학자, 철학자, 소설가이자 다방면에 박식한 올리비에 레Olivier Rey는 더 세심한 사람으로 알려진 인물임에도, 6월 8일의 기고문에서는 이 감염병을 '별 것 아닌 독감'에 비유한 브라

3　조르조 아감벤, 〈Una domanda〉, *Quodlibet*, 2020년 4월 13일. 애덤 고츠코Adam Kotsko가 이탈리아어에서 영어로 번역함. http://www.quodlibet.it/giorgio-agamben-una-domanda.

질 대통령 보우소나루Bolsonaro 수준으로 전락하고 말았다. 그는 "인류사를 통틀어 아주 최근까지 2020년 '중증급성호흡기증후군 코로나바이러스 2Severe acute respiratory syndrome coronavirus 2'(짧게 말해 SARS-CoV-2)와 함께 지구 표면에 퍼져나갔던 것 같은 감염병은, 어쩌면 잔물결une vaguelette이 대양의 표면을 흔드는 정도쯤의 영향력을 행사했을 수도 있었지만, 그 잔물결이 이제는 전 지구적인 쓰나미의 규모로 커지고 말았다"[4]고 썼다.

이 쓰나미는 확실히 전 세계적인 충격이다. 물론 덜 민감한 시대였다면, 어깨 한 번 으쓱해 보이며 무시해버리고 말 어떤 것으로 인해 유발된 것이기는 하다. 그런데 올리비에 레에게 누가 혹은 무엇이 이 팬데믹이 2020년 6월 초의 상황에서 멈추리라는 확신을 주었던 것일까? 그의 확신과는 달리, 몇몇 바이러스 전문가들은 1918~1919년 전 세계적으로 1,200만 명의 사망자를 냈던 스페인 독감의 유형으로 이번 팬데믹이 발전할 가능성도 배제하지 않았다. 이것이 정말 '잔물결'이라고 해두자. 그런데 내가 이 글을 쓰고 있는 2020년 7월 1일 기준, 미국에서

---

4   올리비에 레, 《삶의 우상숭배 *L'Idolâtrie de la vie*》, Paris, Gallimard, coll. Traces, n° 15, 2020.

는 1일 평균 10만 명의 신규 확진자가 쏟아지고 있다.[5] 올리비에 레는 그저 찰랑거리는 물결 수준으로 믿고 있지만, 4개월간 이 바이러스는 70년간 일어난 한국전쟁, 베트남 전쟁, 걸프전, 아프가니스탄 전쟁, 이라크 전쟁 중 사망자를 전부 합친 것보다 더 많은 미국인을 죽이지 않았던가?

왜 우리의 지식인들이 이 점에 관해서는 청맹과니가 되었을까? 왜 그들은 이 문제를 예를 들어 대기오염이나 기후변화 같은, 요새 유행하는 말로 보다 '근본적인' 다른 문제들과 비교하면서, 이 위험의 중대성을 최소화하려고 애쓰는 것일까? 반면, 이제서야 이 바이러스를 잡기 위해서는 예외적인 조치들과 방법들이 필요했고, 또 필요하게 되리라는 점이 밝혀지고 있다. 이 조치들이 성공을 거두며 질병이 사라지는 것처럼 보이자, 왜 또 그들은 그 조치들의 규모와 비용이 얼마인지 악착같이 추적하는 것일까? 그 조치들이 실행되지 않았더라면 어떤

---

5 2020년 11월 19일에 추가한 기록. 이 수치에 이르려면 팬데믹 3차 유행이 오기를 기다려야 했다. 이제 겨울이 다가오는데 천문학적 증가세를 보이는 중에 대선 주간을 맞았다. 신규 확진자가 150,000명을 넘기는 데에는 추가로 일주일이면 충분했다. 11월 중순에 사망자수는 하루 2,000명, 한 달에 60,000명 꼴 이었다. 마찬가지로 천문학적인 증가세였다. 보건정책, 더 정확히 말하자면 보건정책의 부재가 똑같이 이어지고 있고, 이곳 국민이 대규모로 효과적인 백신에 접근가능하지 않거나 백신을 거부한다면 2021년 1월 20일의 권력 이양 시, 지금까지 미국에서 코로나19로 사망한 250,000명의 수는 두 배로 늘 것이다.

일이 벌어질 수 있었는지에 관해서는 생각해보지도 않으면서 말이다.

*

'날것 그대로의', 벌거벗은 생명을 깎아내리려는 의지를 처음 내비친 이들은 정치생태학을 비판하는 이들이다. 그들은 허수아비 같은 존재를 고안해서 '심층' '급진적' 혹은 '비관론적' '생태주의'라는 이름을 붙여 비판 대상으로 삼았다. 물론 이러한 생태학이 있기는 하다. 또, 그 사례를 찾기도 어렵지는 않다. 그러나 그것이 곧, 생명은 희생할 만한 가치가 있지 않으므로 생명을 무엇보다도 중시한다는 사람들을 비난할 근거가 될 수는 없다. 또, 삶을 보전하려는 노력을 부차적인 근심에 불과하다고 헐뜯는 이유는 더욱 될 수 없다.

논의를 진전시키기 위해 이반 일리치Ivan Illich[6]의 비판적 유산을 검토하기에 앞서, 인본주의적 비판과 신하이데거주의의 비판부터 구별하겠다. 이 사상가들은 오늘날 정부가 우리 모두를 노예로 만들었다고 종종 외치곤 하는 이들과 같은 부류이

---

6 [역자 주] 오스트리아 출신 철학자. 미국 주도의 남아메리카 현대화 정책에 반대하여 1961년에 멕시코 쿠에르나바카에 국제문화자료센터를 설립했다.

다. 내가 그들을 흥미롭게 바라보는 지점은, 환경보호주의의 지나친 면을 지적하는 박식한 비판이 코로나19 팬데믹에 대처하고 있는 기구들을 겨냥한 가차 없고 종종 비합리적이기까지 한 비판에 어떻게 논거를 제공할 수 있는지, 이해하게 해 준다는 점이다. 그들에 따르면, 팬데믹을 타개한다는 이유로 이 국가 기구들이 마스크 착용을 강요하고 이른바 '봉쇄' 조치를 강제하면서 기본적 자유를 제한했던 일은 비난받아 마땅하다. 사실 봉쇄 조치라는 것도 예외적인 상황에서 형성되는 시민의식의 다른 형태에 다름 아닌데도 말이다.

환경보호주의에 대한 인본주의적 비판은, 무엇보다도 환경보호주의가 자연에서 인간이 차지하는 특별한 지위, 그러니까 모든 다른 형태의 생명과는 다른 인간 생명의 특수성을 인정하지 않는다는 데 있다. 인본주의적 비판에 따르면, 심층 생태주의는 자연과 자연의 구성요소들을 인간보다 열등하지 않은 고유한 가치를 가진 존재로 삼고, 그 존재들에게 '목적 그 자체'[7]의 존엄성을 부여하는데, 이것은 그 지위를 인간의 것으로 한정한 인본주의 전통을 거부하는 것이다. 그러나 나의 의문은 인간의 이름으로 인간이 추진한 보건 정책도 결국 자연의 한 존재라 할 이 바이러스에 악착같이 맞서 싸우면서 수행하는 정책이 아닌가 하는 것이다. 그런데 오히려 바로 이것이 인본주의가 보건

---

7 [역자 주] 칸트의 윤리학 개념으로 도구로서의 수단과 반대되는 것.

정책을 비판하는 바가 아닌가? 인간 생명을 보전하는 데 절대적인 우선권을 부여하는 것이야말로 인본주의의 정점이 아니던가? 여기에는 해결할 수 없어 보이는 모순이 있다.

인간 생명의 형태를 인간의 실제 생명과 아감벤이 중시하는 '벌거벗은 생명', 이 둘로 나누는 구별법을 수용한다면, 모든 것이 명확해진다. 벌거벗은 생명이란 보편적이고 '생물학적인' 생명을 인간에 적용한 것일 뿐이다. 인본주의를 내세우는 저자들, 특히 뤽 페리Luc Ferry와 벌써 오래 전에 나왔지만 영향력은 여전한 그의 책 《새로운 생태 질서》[8]를 읽어보면, 앞의 두 구별에 종교적인 기원이 있음을 알게 된다. 이 책에 따르면, 신성화된 벌거벗은 생명이란 우리가 다른 모든 가치들을 위해 '희생시키는' 생명이다. 인간의 실제 생명은, 벌거벗은 생명의 보전보다 더 고상한 대의를 위해 '자신을 희생할' 준비가 된 생명인 반면, 벌거벗은 생명은 순전히 내재적인 것이다. 인본주의는 계속 이렇게 비판한다. 이러한 관점에서 완전히 니체적인 심층 생태주의는 삶이 요구하는 것을 비판할 수 없게 되는 것 아니냐고 말이다. 이를 위해서는 관찰 지점을 삶의 외부에 가져다 두어야 할 텐데, 심층 생태주의는 그러한 지점은 존재할 수 없다고 주장하기 때문이다. 심층 생태주의에는 삶을 넘어서서는 아무 것도 존재하지 않는다. 어떤 초월성이 놓일 자리도 없는 것이다.

---

8 Luc Ferry, *Le Nouvel Ordre écologique*, Paris, Grasset, 1992.

뤽 페리는 에둘러 말하지 않는다. 이런 전광석화 같은 분석으로써 그는 심층 생태주의에 가해진 오래된 비판, 즉 그것과 반전주의反戰主義를 이어줄 '심층적' 관계를 다시 전유專有할 수 있게 된다. 삶을 무엇보다 우선시할 때, 오늘날에는 낡아빠진 표현이지만 과거에 '지고한 희생'이라고 불렸던 것을 어떻게 각오할 수 있을까? 페리에 따르면, 생태주의자는 창피를 느끼는 것과 죽는 것 사이에서 망설이지 않는다. 생태주의자는 삶, 즉 예속을 선택한다. 다시 말해, 삶이 본질적으로 구현하는 '존재의 보전'과 자살 사이에서 전혀 주저하지 않는다. 뤽 페리는 독일 철학자 한스 요나스Hans Jonas를 인용하면서 "삶은, 삶에는 '그렇다'고 긍정"하고, 죽음에는 '아니다'라고 부정한다고 썼다.

희생도, 자살도, 모두 죽음이다. 자기 말에 사로잡혀 버린 뤽 페리는 "삶은 죽음에 '그렇다'고 긍정"한다고 말하게 될까? 그는 스페인 전쟁 당시의 프랑코주의자들처럼 '죽음 만세Viva la muerte'를 노래할 준비가 되어 있을까?

앞서 언급한 올리비에 레가 이와 똑같은 분석을, 거의 동일한 용어로 되풀이하는 것을 보면, 가슴이 아프다. 《삶의 우상숭배 L'Idolâtrie de la vie》라는 제목의 팸플릿의 다음 대목을 읽어 보자.

성스러운 것을 절대적으로 존중하는 한, 고대에 그것은 삶보다 높이 평가되었다. 이것이 왜 필요한 경우 삶의 희생을 요구할 수 있었는지, 그 이유이다. 벌거벗은 생명이 어떻게 이 성스러운 것의 자리에 들어서게 된 것일까? 2020년 코로나 바이러스 감염병이 촉발한 위기로 알 수 있듯, 생명[삶]의 보전이 통치의 합법성의 궁극적 토대가 된 것은 아닐까 싶을 정도로.[9]

"벌거벗은 생명이 성스러운 것의 자리에 들어서게 되었다"는 표현의 의미는 과거에 성스러운 것이 있던 자리에 지금은 생명이 들어섰다는 것이다. 앞으로 더는 희생이란 존재하지 않으리라는 의미에서 성스러운 것의 자리에 생명이 들어갔다. 이것은 유대-기독교 전통과, 나나 올리비에 레나 애독하여 잘 알고 있는 르네 지라르René Girard 저작의 궁극적 표현에 부합할 것이다. 이 전통에 따르면, 신은 희생물을 바치는 행위를 좋아하지 않는다. 《신명기》(30장 19절)에서 신께서는 이렇게 말씀하셨다. "내가 오늘 하늘과 땅을 불러 너희에게 증거를 삼노라. 내가 삶이냐 죽음이냐, 축복이냐 저주냐를 너희 앞에 두었으니, 너와 네 자손이 살려면 삶을 택하라 […]" 그러나 그 자신의 에세이 《삶의 우상숭배》라는 제목만큼이나 문맥에는 전혀 의심할 여지가 없다. 올리비에 레의 말처럼, 생명이 성스러운 것을 대체했다면, 그것은 이제부터 성스러운 것은 생명이고, 생명을 위

9   Olivier Rey, *L'Idolâtrie de la vie, op. cit.*

해 나머지 모두를 희생하게 되었다는 의미이다. 삶[10] 자체는 희생될 수 없다—뤽 페리의 비판은 정확히 이것인데, 나는 그의 비판을 받아들일 수 없다. 올리비에 레 역시 현 상황에 관해 쓸 때 정도를 넘어서고 있는 듯하다.

> […] 상황 때문에 어쩔 수 없더라도 어떤 가치도 그 자체로 자기 삶을 희생시키도록 할 수 있는 것은 없다. […] 그때 우리는 홉스가 서술한 상황에 다시 처하게 된다. 리바이어던이라는 절대권력이 개인에게 약속한다고 추정되는, 죽음으로부터의 보호, 그 대가로 개인이 그 권력에 복종함을 수용하는 상황 말이다. 치명률이 낮은 코로나바이러스 감염병이 대단히 신속하게 공적 영역을 가득 채우며 거의 유일한 관심사가 된 방식 그리고 시민들이 보건이라는 설득 수단으로 거주와 이전의 자유를 헌신짝처럼 포기한 방식은 이러한 점에서 대단히 웅변적이다.

나는 코로나19가 가벼운 성격의 질병이라고 끝내 고집하는 이러한 '부인주의négationnisme'는 용서하겠다. 그만큼 이것은 수많은 프랑스 지식인들의 신조가 되었으니 말이다. 그러나 프랑스라는 국가를 자유의 포기를 대가로 주체들의 안전을 확

---

10 [역자 주] 여기서 삶은 생명[삶]이 아니라 자유로운 삶을 뜻한다.

보해 주겠다는 리바이어던으로 묘사하는 것은, 예속이 있다 해도 그것은 어디까지나 자발적인 것임을 망각하는 것이다. 적절히 선택된 정보를 얻고 팬데믹 시대에 공동의 삶의 규칙들을 스스로 마련하는 것은 오직 이들 주체만의 일이다. 그들이 자멸하고 만다면 이야기가 다르지만, 이 규칙들은 정부가 그들에게 부과하는 규칙들과 근본적으로 다르지 않을 것이다. 그런데 주체들은 바로 그 규칙에 복종할 때 자유로워진다. 장 자크 루소Jean-Jacques Rousseau가 《사회계약론 Du Contract Social ou Principes du droit politique》(I권, 6장)에서 썼듯, "각자는 모두에게 자신을 맡기지만, 누구에게도 자신을 맡기지 않는다."

도움이라고는 전혀 되지 않는 광대를 수장으로 세우고 있는 미국은 브라질과 함께 이 바이러스에 직면하여 무능에 관한 모든 기록을 갈아치우고 있지만, 우리보다 더 루소의 교훈을 잊지 않았음을[11] 순식간에 보여준다. 바이러스가 계속 유행하는 한, 안전하게 타인들과 거리두기를 유지하는 일이 불가능할 때 마스크 착용부터 시작해서 엄격하게 지켜야 했던 규칙들이 있었다. 프랑스에서처럼 캘리포니아에서도 격리 해제는 이 모든 규칙들의 갑작스러운 이완으로 나타났다. 음식점과 술집이 다

---

11 [역자 주] 모든 사람에게 자기를 맡기면서 감염병을 옮기면서도 주지사의 정책은 따르지 않는 식으로 누구에게도 자기를 맡기지 않는다는 의미. 루소의 명제를 완전히 자의적으로 해석했음을 조롱하는 표현.

시 문을 열었고, 샌디에고와 산타 모니카에서는 축제가 열렸다. 산타 바바라의 명품관들은 사람들로 붐볐고, 사람들은 서로 포옹했다. 그러나 이것이 끝이 아니었다. 바로 제재 조치가 시행되었지만 1일 신규 확진자 수는 급증했다. 개빈 뉴섬Gavin Newsom 주지사는 다시 '부분 격리' 조치를 시행하지 않을 수 없었다. 7월 13일자 〈로스엔젤레스 타임스〉는 리스본 대지진이 발생한 후 장 자크 루소가 했던 말처럼 "우리가 탓할 사람은 우리 자신뿐"이라는 결론을 내렸다. 국가가 전혀 성스럽지 않다는 이유로 국가를 희생양으로 삼기란 미국보다 프랑스에서 더 쉽다. 지금 코로나 회의론자 지식인들은, 시민들로 하여금 일방적인 결정을 따르지 않을 수 없게 강제했다며 보건 당국을 과장해서 비난하는 위험한 게임에 몰두하고 있다. 그들은 시민 일부가 필수불가결한 조치에 등을 돌리도록 선동했다. 그들은 그 조치들이 위에서 강요되었다는 이유로 그렇게 판단했을 것이다.

*

'하이데거의' 프랑스식 버전인 이러한 이상한 특수어법을 사용하는 데 내가 어려움을 겪고 있고, 심지어는 잘 이해하지도 못하겠다는 사실을 고백해야겠다. 바로 이런 이유로 나는 미카엘 푀셀Michaël Fœssel의《세계의 종말 이후. 묵시적 이성 비판

Après la fin du monde. Critique de la raison apocalyptique》[12]을 논평하는 데 애를 먹고 있다. 뤽 페리의 저작처럼 이 책도 코로나바이러스 팬데믹 출현 이전에 나왔다. 그럼에도 내가 이 책을 흥미로워한다면 그것은 여전히 같은 이유에서이다. 인본주의와 경쟁 관계에 놓인 이 하이데거 전통은 생명의 가치를 깎아내린다. 하이데거 전통에서 이러한 목적으로 전개하고 있는 논거들이 어떻게 급진적 생태주의를 비판하는 만큼이나 팬데믹에 대항하기 위해 국가들이 취했던 보건 정책을 비판하는 논거가 될 수 있는지 나는 그저 의아할 따름이다.

미카엘 푀셀의 논거는 겉으로 보기에는 대단히 세련되어 보인다. 하지만 그 뒤에는 악인은 철저히 악하고, 선인이 모든 것을 독차지하는 초기 서부극처럼 선악 이분법이라는 억지 단순성이 있다. 주인공들 중 한 명의 이름은 거의 고정되어 있는데, 그것은 '삶'이다. 타자의 이름은 여럿인데, 가장 단순한 버전은 '세계'이다. 책의 핵심이 되는 부분에는 '세계냐 삶이냐'라는 제목이 붙어 있는데, 그 첫 문단은 전혀 모호하지 않다. "이 책이 옹호하는 주장은 이러한 식으로 거칠게 표현될 수 있다. 즉, '신의 죽음' 이후에, 우리는 세계냐 삶이냐의 양자택일로 귀결하고 말았다. 그리고 이 양자택일에서 선택해야 하는 것은 세계이다."

---

12   Paris, Seuil, 2012 ; coll. Points, 2019.

이 저작에는 엄밀히 말해 세계와 삶이 각각 무엇인가에 관한 정의는 없지만, 서로 대립하는 변별적인 특징들의 목록은 있다. 세계는 초월성, 이타성, '가능성le possible'을 향해 열린다. 반면, 삶은 내재성, 동일성, '실효성l'effectif'으로 침잠한다. 이 모든 단어들이 분명하게 이해될 필요가 있겠지만, 내가 보기에 따옴표로 강조된 두 단어는 특히 모호해 보인다. 여기서 말하는 '가능성'은 무모순성의 원칙으로 귀결되는 라이프니츠 형이상학의 가능성[13]이 아니다. 따라서 우리가 생각할 수 있는, 서로 강하게 결합한 요소들의 집합체가 가능하다. 반면, 미카엘 퇴셀이 내세우는 현상학은 가능성을 '감각 경험 한 가운데에서' 나타나는 것, '미완성으로밖에는 주어질 수 없는 것의 공간', 그러한 이유로 인간의 행위를 가능하게 만드는 근본적인 미정의 '형이상학적 자리'로 본다. 가능성과 관련하여 세계란 무엇인가? 하이데거의 가르침을 계승한 미카엘 퇴셀에 따르면, 그것은 "인간 실존을 특징짓고, 실존 자체를 세계 '안'에 존재하는 사물들과 절대적으로 구분해주는 가능성의 총체에 다름 아니"다. "불안은 인간이 세계에 매여 있음을 드러내는데, 그 세계는 인간이 부분이 되는 전체가 아니라, 인간이 실존의 가능성을 투사

13　[역자 주] 논리적으로 무수히 많은 세계가 가능하지만 실제로는 하나가 존재한다. 그렇게 존재하는 세계는 내적으로 합당한 원리에 따라 존재한다.

하는 미정의 '자리'다. 이러한 실존의 가능성은 어디에도 기록되어 있지 않고, 어떤 토대도 '선험적으로' 그 가능성을 제한하지 않고, 어떤 합목적성도 그 가능성이 어떻게 전개될지 규정하지 않는다."[14]

그렇다면, '실효성'이란 무엇인가? 여기에는 자신의 '실존'과 대립하는 인간의 '벌거벗은' 생명을 특징짓는 실효성도 포함되어 있다. 후설 이후 미카엘 푀셀은 17세기에 갈릴레이가 실제로 정식화한 적은 없지만 이용하기는 했던 '관성의 법칙principe d'inertie'의 예를 들고 있다.

[이 법칙은] 추정의 방식으로만 지각에 주어진 것을 어떤 법칙의 형식으로 제시한다. 이 경우에는 경험의 특징인 예견이 […] 미래의 어떤 한 순간에 물체의 속도와 위치를 미리 결정할 수 있게 해주는 확실한 예측의 수준에 이른다. 관성의 법칙은 아직 현전하지 않는 것을 현전하게 하고, 이제부터 '충만한 실효성의 형태로' 미래를 산출한다. 이 법칙은 객관적인 차원에서 어김없이 정확하므로, 사물들이 지각 속의 세계에서 근사적近似的으로 나타나는 방식과는 반대된다.[15]

---

14 Ibid., p. 180.

15 Ibid., p. 193.

이처럼 실효성은 불변의 법칙들로 규정된다는 점에서 정상적인 과정이다. 미래를 현전하게 만들면서 한 세계의 가능성을 무너뜨리는 결정론이자 "시간의 부식을 견디는 모든 사물을 모으기 때문에 불완전성이 머무는 형이상학적 자리"다. 세계의 보전은 정치적인 요청인데, 그것은 "세계가 구현하는 가능성의 형식이 행동의 사유에서는 추상적인 논리와 도구적인 이성의 승리로 인해 위협받기 때문이다. [⋯] 어떤 인간의 개입도 완전히 차단하는 내재적인 논리학에 따르면, 인간 없이도 비인간 사물들과 존재자들이 자기 기능을 수행하는 것처럼 보이는 곳에 세계란 더는 존재하지 않는다."[16]

수고스러운 분석이기는 해도 빛나는 섬세한 복잡성은 없다. 이 분석을 내가 과연 제대로 평가했는지 확신하진 못하겠지만, 위험을 무릅쓰고라도, 논리학자이자 과학 철학자라면 이러한 말에 어떻게 응대할 수 있을지 말해보고자 한다.

우선, 한가지 역설이 바로 눈에 띈다. 삶이 아니라 세계를 선택해야 한다는 언명이다. 좋다. 하지만 아무리 벌거벗은 것인들, 삶[생명]이 생명을 다루는 학문인 생물학이 말하는 것으로 축소된다면, 그것은 세계를 가능하게 만드는 조건이다. 세계가 존재하려면 삶이 먼저 존재해야 한다. 그런데 푀셀에 따르면, 삶을 보전하게 되면 세계의 가능성이 파괴된다. 이럴 때 한 세

---

16 Ibid., p. 194.

74

계의 존재 자체는, 그것을 어떻게 정의하든, 기적적인 것 같다.

둘째, 삶과 그것의 '실효성'이 '가능성'에 닫혀 있다는 발언은 선결문제 요구라는 오류[17]를 범한다. 세계 속의, 상황 속의 구체적인 실존으로서의 인간이라는 특별한 존재만이 앞서 말한 가능성의 열림에 기여한다고 푀셀은 선언한다. 그리고 이로부터 자연계에는 동일성의 반복을 벗어나는 것은 아무것도 없다고 추론한다. 그렇다면, 사실상 아무것도 증명된 것은 없다.

셋째, 후설 이후의 철학자 미카엘 푀셀은 시간을 한참 거슬러 올라가서 17세기 갈릴레이-뉴턴 혁명을 과학의 모델로 취하고는, 그보다 나중에 등장한 4~5회의 과학 혁명들의 교훈은 무시한다. 그런데 사실 그 과학 혁명들로 인해 과학의 방식은 물론이고 특히 과학철학과 인식론이 근본적으로 변화했는데도 말이다. 이 논의와 밀접한 관계가 있는 두 과학 혁명 혹은 패러다임의 변화를 나는 중시한다. 복잡성과 포스트 게놈이 그것이다.

'복잡성'이라는 말은, 그 말을 대중화하려는 어중이떠중이들이 그것과 혼잡성complication을 혼동해서 크게 변질되고 말았다. 그리하여 모두가 복잡성 패러다임이라는 것이 무엇인지 잊고 말았거나 전혀 알지도 못했다. 존 폰 노이만John von Neumann

---

17　[역자 주] 증명을 요구하는 사항을 전제 속에 받아들이는 오류로, 전제 속에 이미 결론과 같은 뜻의 말을 쓰는 것을 말한다.

이라는 한 수학의 천재는 1948년에 열린 힉슨 재단 심포지엄에서 '복잡성'이라는 말을 다음과 같이 요약할 수 있는 가설의 형태로 명명한다. 어떤 복잡한 존재자들이 자기들보다 더 복잡한 존재자들을 산출할 수 있다는 의미에서, 존재한다. 이러한 정의를 '회귀적'이라고 부르는데, 설명해야 하는 용어가 그것을 설명한다고 추정되는 것 속에서 재발견되기 때문이다. 폰 노이만의 논거는 본질적으로 논리적인 것이지만, 그는 생명을 생각하면서 그 논거를 정식화했다. [8] 존재를 이렇게 가정하는 일에 함축된 바는 대단히 중요하다. 그리고 바로 그것이 미카엘 퍼셀이 과학 전체의 귀결로 본 갈릴레이 패러다임의 특징을 전복한다. 원인과 결과의 규칙적 연쇄가 예측불가능한 것을 만들어낼 수 있는 것이다. 그 연쇄는 더 높은 차원의 구조를 산출할 수 있다. 그런데 그 상위 차원 구조는 그것을 산출해낸 것으로는 환원될 수 없지만, 그 기원의 조건에 영향을 미칠 수는 있다. 복잡성이라는 용어의 동의어가 되는 한가지 키워드는 자기초월성 autotranscendance이다. 즉, 상위 차원은 하위 차원을 기원으로 하지만, 상위 차원은 하위 차원에 '봉쇄boucler'되어 있다. 토대는 그것이 토대로 하는 것의 토대가 된다.

초월성 VS 내재성이라는 이항대립은 복잡성 패러다임의 관점에서는 너무 단순해 보인다. 하지만 단순해 보인다고 그저 단순한 것은 아니다. 단순한 것은 복잡한 것을 만들 수 있기 때문이다. 불완전성, 예측불가능성, 미완성인 것, 여기에 더해 미확정적인 것은, 현상학적 의미의 인간 존재만큼이나 자연계와 생명 세계의 여러 특징들이다. 그리고 무엇보다 과학의 방식이 이것을 설명할 수 있다.

폰 노이만은 1948년에 모였던 지식인, 엔지니어, 철학자 그룹 가운데 한 핵심 멤버였다. 이들은 스스로를 '목적론적 메커니즘mécanismes téléologiques' 전문가들로서 규정한 후, '사이버네틱스'[18]라는 이름을 스스로 부여한다. 나는 다른 곳에서 하이데거가 분명 사이버네틱스라는 말의 어원(통치의 학문)이라는 덫에 걸려 이 새로운 학문의 의미를 완전히 오해했음을 보여준 바 있다. 이 학문은 자기 조직화auto-organisation를 이루는 복잡계에 관한 이론만큼이나 인지 과학을 낳을 예정이었고, 이 둘은 곧 자기를 낳아준 어머니를 거부하게 될 두 자식과도 같았다. 하이데거는 사이버네틱스를 '원자시대의 형이상학'의 반열에 올리면서도, 실제로는 자기 자신에게 투명하고 자기 행동의 주인인 인간 주체를 모든 사물의 척도로 삼는 서구 형이상학이 결국 다다르게 된 지점이라며, 그 지위를 깎아내렸다. 그러나 나는 사이버네틱스의 목표는 하이데거의 주장과는 정반대로,

---

18 나는 폰 노이만이 사이버네틱스 그룹 내부에서 실행한 개념적 돌파를 내 책《인지 과학의 기원에 대하여 : 마음의 기계화 *On the Origins of Cognitive Science : The Mechanization of the Mind*》(Cambridg (Mass.), The MIT Press, 2009)에서 설명했다.

삶과 인간의 기계화, 곧 해체로서, 기계의 인간화와는 무관하다는 점을 밝힌 바 있다.[19] 그러니까 '유전학적 프로그램'이라는 개념에 기초한 분자생물학의 혁명이 사이버네틱스 내부에서 탄생한 것은 우연이 아니다.

이론 생물학이 사이버네틱스에서 말하는 '실효성'의 굴레에서 벗어날 수 있었던 것은 복잡성·자기초월성 패러다임에 의해서였는데, 이것이 바로 포스트 게놈 혁명이다. 세포의 신진대사가 그것을 코드화한다고 추정되는 것[게놈]에 가하는 충격을 생물학적 구조의 중심에 놓는 혁명이었다. 그러므로 이 유전 프로그램은 '스스로 프로그램화'할 수 있는 것처럼 나타나기는 하지만, 어떤 컴퓨터 프로그램도 (아직은) 이를 실현할 수 없다.[20]

과학 사상사에서 대단히 흥미로운 이 장을 모른다 해도 문제될 건 전혀 없다. 하지만 과학의 역사가 마치 17세기 초에 결정적으로 끝나기라도 했던 것처럼 생각해서는 안 된다! 오늘날 하이데거의 오류를 반복하는 것으로 그치는 사람들은 하이데거보다 더 변명의 여지가 없다. 그들은 하이데거와 최소한 반세

19　Jean-Pierre Dupuy, "Cybernetics is an Antihumanism : Advanced Technologies and the Rebellion Against the Human Condition", *The Global Spiral*, 5 juin 2008. © 2008 Metanexus Institute.

20　Henri Atlan, 《포스트 게놈의 생물 *Le Vivant post-génomique*》, Paris, Odile Jacob, 2011.

기의 거리를 두고 있기 때문이다. 삶을 사랑하고 삶이 이룰 수 있는 모든 것에 경탄하기 위해 과거사를 반드시 알아야 할 필요란 크지 않다. 세계들의 창조라는 면에서 생명이 할 수 있는 것이나 인간이 할 수 있는 것이나 경이롭기는 마찬가지일 테니. 그러나 정작 이 둘을 화해시켜야 할 시점에 왜 그 둘을 대립시키고 경쟁시킨단 말인가?

*

나로서는 정말 고통스러운 내용을 마지막을 위해 남겨 놓았다. 이반 일리치의 유산이 그것이다.

내가 처음으로 이반 일리치를 본 것은 텔레비전을 통해서였다. 일리치는 1971년인가 1972년에 〈에스프리*Esprit*〉 편집장이었던 장 마리 도므나크Jean-Marie Domenach와 파리 뤼니베르시테 로路의 개인저택 마당에서 인터뷰를 했다. 일리치로부터 단번에 받았던 강렬한 인상은 맹금같은 얼굴, 그리고 감미로우면서도 단호한 목소리였다. 중부 유럽 귀족의 악센트와, 단어의 마지막 음절에 악센트를 두는, 거칠다 싶은 발화 방식이 섞여 있는 목소리였다. 대담은 1시간 이상 계속되었다. 도므나크는 인터뷰 내내 원경에 머무르면서 "그런데 이반, 교회는 말이죠, 이 모든 것에서 교회는 무엇인가요?"라는 질문을 던졌다. 1926년 오스트리아 빈 출신의 이 매력적인 남자의 인생을 아는 사람에게 이 질문은 꽤나 적합한 것이었다. 일리치는 사제로 일한 적도 있었고, 로마 교황청에서 종교 재판을 받기 전에는 위계적인 가톨릭 교회의 '고위 성직자'이기도 했으니까.[21]

일리치는 습관적으로 그렇게 하듯 잠시 생각하더니 느닷없이 "교회는 창녀죠, 제 어머니이기도 하고요"라는 말을 내뱉었다.

분명 많은 시청자들도 그랬겠지만, 나는 당혹스러웠다. 도므나크는 내 친구였고, 나는 그를 통해 이미 수많은 논쟁을 낳았던 두 권의 책, 《미래를 해방시키자 *Libérer l'avenir*》와 《학교 없는 사회 *Une société sans école*》의 저자 일리치가 멕시코시티에서 남쪽으로 60km 떨어진 쿠에르나바카Cuernavaca에 정착해서 의료기관에 대한 연구, 회합, 토론 프로그램에 착수했다는 사실을 알고 있었다. 나 역시 그 주제로 연구한다는 사실을 알았던 도므나크는 그를 내게, 내게 그를 소개해주었고, 그것이 2002년 12월에 일리치가 죽고서야 끝나게 되었던 우정의 시작이었

---

21 [역자 주] 그는 미국에서 가톨릭 보조사제로 일하기도 했으나, 정치적으로 미국과 로마 교황청과 갈등관계에 있었다.

다.[22]

나는 쿠에르나바카에 여러 차례 체류했고, 특히 소책자
《에너지와 공정성 *Energie et Equité*》[23] 작업에 합류했다. 이 책은
교통 체계를 비판적으로 다뤘고, 우리가 점점 더 많은 에너지를
필요로 하게 되리라는 생각의 탈신화화라는, 어느 때보다도 필
요했던 작업을 시도했다. 나는 일리치와 긴밀히 작업하며 1975
년 겨울에 책을 썼다. 그것은 일리치가 의학을 주제로 쓴《의학
의 네메시스 *Némésis médicale*》[24]라는 대작의 프랑스어 버전이 되
었다.

내가 이 상황을 떠올리는 것은, 당시를 돌이켜보면 우리가
살고 있는 시대와 장소와는 정말 멀리 떨어진 시대와 장소에 다
시 잠겨볼 수 있기 때문이다. 나는 가끔 그런 곳이 정말 있었을
까 자문해보고는 한다. 멕시코의 쿠에르나바카 지역은 겨울마
다 기후가 온화하고 쾌청한 곳으로, 세계 전역에서 변화의 길을
개략적으로나마 그려보려던 이들이 달려온 곳이었다. 그곳에

---

22 2020년 9월 20일의 주석. 장 미셸 지앙Jean-Michel Djian은 쇠유 출판
사에서 최근에 이반 일리치에 대한 훌륭한 전기를 출판했다. 그 책의 제목
은《이반 일리치, 미래를 해방시킨 사람 *Ivan Illich. L'homme qui a libéré
l'avenir*》이다. 여기서 이 예외적인 인물의 여정에 대한 정확한 정보를 찾을
수 있다.

23 Paris, Seuil, 1973.

24 Paris, Seuil, 1975.

서는 모든 언어로 대화가 이루어졌는데, 당연히 스페인어도 썼다. 일리치의 스페인어는 정말 훌륭해서, 그는 건강santé과 구원salut을 동시에 뜻하는 스페인어 *salud*로 말장난도 할 수 있었다. 그러므로 그는 교회가 구원을 생산하는 '근본적인 독점권'을 얻었던 것과 마찬가지로, 의학도 건강의 생산과 관련해서 마찬가지였음을 단숨에 말할 수 있었다. 어느 쪽이든 제도가 커질수록 제도는 그것이 수행하리라고 간주되는 목적에 더 큰 장애물이 된다는 결론. 이것이 바로 역생산성contreproductivité 개념의 기원이다.

내가 1975년 겨울에 열린 토론에서 무언가 기여한 것이 있다면 그것은 두 형태의 역생산성을 구별해야 한다고 주장했던 것이다. 하나는 사회적인 형태의 역생산성이고, 다른 하나는 구조적인 형태의 역생산성이다. 이 두 형식은 상반된 두 방향에서 잡아당기기 때문에 메시지 전달에는 어쩔 수 없이 방해가 일어난다. 사회적인 형태를 따를 경우, 일리치는 적극적 진보주의 행동가로 자신을 소개했고, 구조적인 형태를 따를 경우, 오늘날이라면 흔히 수정주의자라고들 할 사상가로 자신을 소개했다. 하지만 일리치라는 사람은 단 한 명뿐이다.

그 시절, 내 친구였던 사회학자 세르주 카르상티Serge Karsenty[25]가 너무나도 일찍 세상을 떠났다. 나는 그와 책 한 권을

---

25 [역자 주] 1943-2018. 알제리 출신의 사회학자.

함께 펴냈는데, 그것으로 우리는 소란을 일으키는 데 성공했었다. 책 제목은 《약학의 침공 L'Invasion pharmaceutique》[26]이었고, 우리가 이 책에 도입한 개념인 '삶의 의학화' 그리고 "의학은 질병 사회의 알리바이가 되었다"는 표현은 대성공을 거두었다. 이를 통해 우리가 하고자 했던 말은 과도한 생산 설비, 도시 공간의 고밀도, 삶의 터전의 붕괴, 이주의 가속화, 가족의 해체, 개인들 간의 고삐 풀린 경쟁의 결과인 불안 등과 같은 현대 사회의 많은 해악이 의료계에 제시되어 마치 치료받을 수 있는 질병처럼 다뤄졌다는 점이었다. 그렇게 정치의 영역에 관련된 이 문제들이 의료의 영역에 들어왔다. 의학은 의식적으로든 아니든 현상태statu quo의 공범이 된 것이다. 사회적 역생산성이라는 것은 이러한 것을 두고 말하는 것이다. 일리치는 위에 말한 내 분석을 완전히 자기 것으로 받아들였다.

15년 후 그가 이 일을 후회할 줄은 미처 알지 못했다. 그의 설득 기술은 놀라운 것이었다. 역설은 그가 편애하던 무기였다. 그리하여 자신의 생각을 대중들이 수용하고, 특히 이번엔 자신이 비판의 표적으로 삼았던 전문가들이 자신의 생각을 수용하게 되자, 그가 보기에 자신의 생각이 힘을 잃은 것 같았다. 바로 이것이 자신들이 점점 더 수행해야 했던 실제 업무와 자신들이 의학부에서 배운 것들이 무관함을 제대로 이해했던 일부

---

26   Paris, Seuil, 1974, 1977(2^e)

의사들에게 여러 해 동안 일어난 일이다. 이 의사들이 이해했던 일리치의 교훈에 따르면, 앞으로 사회를 '탈의료화dé-médi-caliser'하고 환자들의 자율성을 북돋워서 그들이 개인적인 노력을 경주하도록 도와 '환자들에게 힘을 돌려 주'는 일이 시급해 보였다.

일리치는 1990년 9월 14일 독일 하노버에서 "의료가 내 개인의 책임일까요? 미안하지만 아닙니다!"라는, 시라노 드 베르주라크Cyrano de Bergerac 식 문체[27]의, 의미심장한 제목의 발표를 한다. 이 강연의 훌륭한 결론을 인용해보겠다.[28]

이 결론은 내가 위에서 '의학의 구조적 역생산성'이라고 부른 것을 은연중에 설명하고 있다.

저는 모든 국가가 시민에게 제공하는 국민 '의료' 정책이 모든 국가에 반드시 필요하다고 보지는 않습니다. 시민들이 필요로 하는 것은 다음과 같은 몇몇 진실들을 똑바로 바라볼 줄 아는 용기입니다.

---

27   [역자 주] 웅변적이면서도 도전적이라는 문체라는 뜻.

28   영어판은 "Health as one's own responsibility : no, thank you!", *Journal of Consciousnesse Studies*, vol. 1, n° 1, 1994, p. 25-31. 번역은 필자.

- 우리는 결코 고통을 없애지 못할 것이다.
- 우리는 모든 질환을 치료할 수 없을 것이다.
- 우리는 틀림없이 죽을 것이다.

사유하는 피조물로서 우리가 건강 추구가 오히려 건강에 해로울 수 있음을 이해해야 하는 이유입니다. 과학이나 기술이 제공하는 만능 해법은 없습니다. 그러니 우발적이고 취약한 인간 조건을 일상적으로 받아들일 의무가 있습니다. 전통적인 치료 방식에 사려 깊게 분명한 한계를 긋는 것이 바람직합니다. 긴급한 경우, 개인들로서 우리가 책임져야 할 의무, 우리의 공동체가 지켜야 할 의무, 우리가 국가에 맡기는 의무의 경계를 분명히 정하지 않을 수 없습니다.

그렇습니다. 우리는 아프고, 병들고, 죽어갑니다. 그러나 우리가 희망을 품고, 웃음꽃을 피우고, 축하한다는 것 역시 사실이지요. 서로를 배려하고자 노력하면서 느끼게 되는 기쁨을 우리는 알고 있습니다. 방법은 다양합니다. 그 다양한 방법이 종종 우리를 회복하고 치료해주지요. 우리의 감성은 일률적이고 일반화된 길을 따라서는 안 됩니다.

저는 각자 자기 시선과 생각을 건강 추구와는 다른 곳으로 돌리고 삶의 기술을 함양하실 것을 권합니다. 그리고 오늘날에도 역시 중요한 것은 고통을 견디는 기술과 죽는 기술입니다.

지금 우리가 코로나 팬데믹을 지나치게 중시하고 있다고 판단하는 사람들이라면, 이 말에서 위안을 찾을 수 있다고 생각한다. 하지만 그것은 잘못일 것이다. 죽은 자에게 말을 시키기란 언제나 불편한 일이지만, 나는 일리치가 현 상황에 대응하는 모습을 상상해본다. 일리치를 지식인들의 억지 의견과 구별해주는 엄청난 차이가 있다면, 그것은 그라면 감염병 추이를 놓고 국가와 의료집단의 지배를 비판하기 위해 삶을 깎아내릴 필요를 전혀 느끼지 않으리라는 점에 있다. 그는 삶을 어떤 기술로 보았다. 그 기술은 의무와 일상적인 도리로 이루어진 기술인데, 그는 그것을 기쁨과 우정으로 이루어진 기술이라고 분명히 했다. 이 프랑스 지식인들이 사회적 삶, 경제적 삶, 벌거벗은 날것 그대로의 '생물학적 삶'을 일일이 구분하면서 삶을 햄 자르듯 얇게도 썰어대는 말을 들었다면, 그는 박장대소했을지도 모르겠다. 아니라면 그는 준엄한 태도를 보였을지도 모른다. 그러나 그것은 그저 바보짓에 대한 준엄함이었을 것이다. 저 괴상야릇한 표현을 들었다면, 그의 웃음은 분노로 바뀌었을 것이다. 사회학자들에게는 사회학의 사회를 공부해봤는지, 인류학자들에게는 인류학적 인간의 운명을 공부해봤는지 물었을지도 모르겠다.

일리치가 중점을 두었던 비판은 인간 삶[생명]의 우상화라
는 문제가 아니다. 의료단체와 결탁한 국가가 '가치들'(그가 끔
찍하게 싫어했던 단어이다)에 위계를 정한 뒤 각자 자리에 앉히
고 우러러 보게 하는 식의 우상화가 아니다. 정반대로, 그의 비
판의 중점은 인간 삶[생명]의 전략에 관한 것이었다. 분명 일리
치의 가장 훌륭한 저작은 유고이기는 하지만 사실 캐나다 기자
데이비드 케일리David Cayley와의 대담을 묶은 책[29]이다. 이 대
담에서 일리치는 인간의 신체를, 체계를 구성하는 부분들의 합
으로 만들어 재현해 놓은 것 앞에서 경험했던 공포에 관해 말한
다. 체계의 각 부분은 돈만 있다면 죽은 자에게서 떼어낸 다른
한 부분으로 대체될 수 있는 것이다. 오늘날 '진보했avancées'다
는 생명공학에 관해 그는 뭐라고 말할까? 생명공학의 어떤 분
야는 인간 게놈을 '편집하éditer'고자 하며, 다른 분야는 비생명
non-vie으로 생명을 만들고자 한다. 만일 '생물학적 생명'이라는
말을 생물학에서 말하는 생명이라고 이해한다면, 그건 더할 나
위 없이 거친 이해이다. 프랑수아 자콥François Jacob은 1970년에
"오늘날 실험실에서는 더는 생명에 관해 묻지 않는다 […] 오늘
날 생물학이 흥미를 갖는 것은 생명 세계의 알고리즘algorithmes

---

29   Ivan Illich et David Cayley, 《최선의 것의 타락은 최악을 낳는다 *La
corruption du meilleur engendre le pire*》, entretien traduits de l'améric-
ain par Danel de Bruycker et Jean Robert, Paris, Actes Sud, 2007.

이다"[30]라고 썼다. 물리학자 에르빈 슈뢰딩거Erwin Schrödinger
가 1943년에 제기한 '생명이란 무엇인가?'라는 질문이 유전 구
성인자인 DNA의 발견 그리고 사이버네틱스를 경유한 분자생
물학의 탄생으로 이어졌다. 사정이 이런데도 오늘날 〈네이처
Nature〉는 슈뢰딩거의 질문을 "우둔한 질문!"[31]이라고 말한다.

　　우리의 지식인들은 생명[삶]의 신성화를 고발하고자 뼈 빠
지게 애쓰고 있지만, 소용없는 짓이다. 생물학은 그들이 그것
을 차츰차츰, 그리하여 완전히 소멸시키지 못할 때, 더 멀리 우
리에게서 달아난다. [8]

　　일리치는 종종 미셸 푸코와 비교되곤 했다. 일리치가 푸코
의 생명 권력 개념을 빌려왔다며 그를 푸코의 제자라고들 했지
만, 이는 완전히 반대로 읽은 것이다. 프랑수아 자콥의 저작이
출간되었을 때, 《말과 사물 Mots et les Choses》의 저자 푸코는 흥분
을 감추지 않았다. "생명 없는 생물학? […] 생명을 더는 개체들
의 지속적이고 주의 깊은 창조처럼 생각해서는 안 된다. 생명체
를 우연과 생식의 계산 가능한 유희로 생각해야 한다."[32] 이보다

30　François Jacob, 《생명의 논리 *La Logique du vivant*》, Paris, Galli-
mard, 1970.

31　Philip Ball, "What is Life? A silly question!", *Nature*, 2007년 6월
28일.

32　Michel Foucault, compte rendu du livre de François Jacob, *La
Logique du vivant*, dans *Le Monde*, 1970년 11월 16일자.

더 일리치의 생각에서 멀어질 수는 없을 것이다. 푸코가 살아 있었다면 그는 틀림없이 오늘날 생명을 깔보는 이 불행한 유행의 기수 중 한 명이었을 것이다.

일리치가 자신이 희망하는 죽음의 방식에 관해 처음으로 말했던 것은 데이비드 케일리와의 대담집에서였다. 그는 1498년 5월 23일 피렌체에서 이단으로 몰려 처형당한 성 도미니크 회 수사 지롤라모 사보나롤라Girolamo Savonarola의 생애 마지막 날 이야기를 했다. 그를 공개적으로 지지했던 다른 두 명의 수사와 함께 그는 화형에 처해지기 전 교수형부터 받아야 했다. 그것이 토스카나 지방의 수도 피렌체의 진보한 문명을 보여주는 증거였다고 일리치는 빈정거리면서 썼다. 사보나롤라는 고개를 돌려 동료 중 한 명을 보면서 이렇게 말했다. "오늘 밤 내가 받은 계시는, 교수대로 끌려갈 때 '아니오. 나를 목매달지 마시오. 산 채로 불에 태우시오'라고 말해야 한다는 것일세. 우리가 우리 죽음의 주인이겠는가. 신께서 우리에게 정하신 죽음을 죽을 수 있다면 행복하여라." 일리치가 의학의 지배력에 맞서 자율성의 회복을 권고하고 있다고 말하는 것으로 그쳐서는 안 된다. 그렇게 되면, 오늘날 많은 사람들이 자신의 죽음의 순간을 자유롭게 결정하는 것을 '윤리적' 진보로 여기는 세태에 일리치가 반대할 수도 있었다는 점을 이해하지 못하게 된다. 삶이란 매일 기적적으로 되살아나는 순수한 선물이 아니겠는가. 그래서 삶은 죽음보다 힘이 세다. 삶은 그 순간이 언제가 될지 우리보다 더 잘 알고 있다.

슬프게도, 수만 번 슬프게도, 데이비드 케일리는 일리치가 이전에 한 번도 말하지 않았던 것들을 털어놓을 때까지 그로부터 고백을 죄다 끌어낼 줄 알았다. 특히 그의 신앙이 어떻게 그의 사유에 영향을 주었고, 시대의 분위기를 견딜 수 없게 만들었는지에 대해서 말이다. 케일리는 2020년 4월, 〈이반 일리치의 관점에서 현 팬데믹에 제시된 질문들〉[33]이라는 제목의 기사에서 상투적 표현들을 되풀이하며 자신의 무지를 드러내고 있다. 이 기사는 팬데믹의 심각성을 전형적으로 최소화하며 시작한다. "특히 노인들[원문대로!]과 질병에 취약한 사람들을 죽이는 것 같은 전염성 독감[다시 한 번 원문대로!][34]이 정말 온 국민을 유린하는 [질병들]과 비교할 만하다고 할 수 있을까?" 케일리에 따르면, 지구 전체를 점령해 버린 위기와 패닉의 감정은 감염병 자체보다 그 감염병을 억제하기 위해 취해진 조치들의 결

---

33 David Cayley, "Questions about the current pandemic from the point of view of Ivan Illich", *Quodlibet*, 2020년 4월 8일자.

34 코로나19와 독감의 동일시는 코로나 회의주의의 주제들 중 하나이다. 이 오류는 종종 의도적으로 팬데믹의 심각성을 낮추려는 목적으로 범한 것이므로 그만큼 더 심각하다. SARS-CoV-2 바이러스는 독감보다 에이즈 바이러스를 훨씬 더 닮았다. 이 바이러스가 숙주를 죽이는 방식은 그 바이러스가 기생했던 숙주 유기체에서 사라진 뒤에도 면역체계로 하여금 자기와 자기 아닌 것을 구분할 수 없도록 만들기 때문에, 코로나19는 자가면역질환과 비교할 수 있다. [12] 이 문제들은 대단히 까다롭기에, 딱 잘라 연구에 종지부를 찍을 수 없다.

과이다. 이 바이러스 전파를 '팬데믹'이라고 불렀다는 그 단순한 사실이 전 지구적 파국으로서 이 사건의 '사회적 구성'에 기여했다. 이 조치들의 최상위 목적은 환자들 이상으로 보건 체계를 보호하기 위한 것이었다. 그 환자들은 "집에서"[또 다시 한 번 원문 그대로!] 서로가 서로를 돌보면서 질병에서 벗어날 수 있었을지도 모른다는 것이다.

　이처럼 쓸모없는 것까지 언급하다니, 수치스러울 정도이다. 하지만 정말 심각한 일이다. 일리치처럼 데이비드 케일리도 보전해야 하는 삶이 통계상의 삶이라는 점을 인정한다. 그 삶은 멸치 통조림 속 멸치들처럼 서로 포개져 쌓이는 것으로, 매일 새로운 기록을 경신하는 대단한 숫자들을 만들어낸다. 하지만 그 삶은 겪은 삶, 느낀 삶, 진짜 삶은 아니다. 2020년 4월 말 기준, 뉴욕 주에서만 1일 사망자가 1,000명에 달했다. 이러한 식이면 월 사망자는 3만 명, 연간 사망자는 40만 명에 도달하게 된다. 어떤 직접적인 경험과 이 규모를 연관시킬 수 있을까? 올리비에 레와 다른 이들처럼 벌거벗은 생명[삶]의 우상화와 보건 신격화에 관해 말할 수는 있을 것이다.

　이 사례가 흥미로운 것은 코로나 회의주의의 유행에 휩쓸린 일리치의 몇몇 제자들이 문제 되기 때문이다. 한편으로 그들은 스승의 생각을 충실히 따른다. 그래서 올리비에 레는 이렇게 말한다. "과거에 죽음은 지상의 삶의 필연적인 끝이었고, 의학은 몇몇 경우에 이를 늦출 수 있었다. 오늘날 죽음은 보건 체계의 실패 그 자체이다."[35] 이는 일리치가 여러 차례 되풀이했던 유명한 표현들 중 하나와 공명한다. "진단에 무너지지 말고 우리를 건강이라는 질병에서 해방하라."[36] 반면, 이들은 이른바 생명[삶]의 신성화와 관련된 중요한 지점에서는 일리치와 결별한다.

일리치의 비판을 생각해 볼 때, 생명 권력에 관한 코로나 회의주의 비판 가운데 어떤 것은 역설적으로 보인다. 생명 권력은 자유며, 경제며, 이 고약한 팬데믹과는 다른 것을 생각해볼 여유까지 모든 것을 희생시킬 것[37]이고, 그 목적은 가능한 최대한으로 생명을 구하기 위한 것이다. 그런데 여기서 최대한 많은 생명을 구한다는 이 목적은 그렇게 우리가 '대규모로en masse' 구하는 생명이 일종의 '생물학적 생명'이라는 점을 의미한다. 그러니까 모든 살아 있는 존재자들, 즉 가장 덜 인간적인 존재자와 공유하는 생명인 것이다. 이처럼 한 우상을 위해 모든 것을 희생하게 되면, 우리는 삶[생명]을 무의미한 것으로 만들어버리

---

35   Olivier Rey, *L'Idolâtrie de la vie, op. cit.*, p. 16.

36   In David Cayley, *Entretiens avec Ivan Illich*, Saint-Laurent (Québec), Bellarmin, 1996.

37   2020년 11월 1일의 노트. 여기에 선거운동 후반에 도널드 트럼프가 격분해서 부르짖었던 "코로나! 코로나! 코로나! '가짜 뉴스fake news'를 내보내는 미디어는 입만 열면 그 말이다"는 외침을 내가 기억해보는 것을 용서해 주시기 바란다.

고 말 것이다. 생명 권력은 생명을 모든 가치에 앞세우면서도, 이 생명에 우선권을 부여하는 바람에 정작 생명의 가치 전체를 잃어버리는 모순을 범하고 있음을 깨닫지 못할 것이라고 가정해야 맞을 것이다. 희생물을 바친다고 연기처럼 사라져주는 신은 없다.

하지만 대규모 사망자 수를 추정하는 일이 항상 있었던 것은 아니다. 아마 그 기원은 프랑스대혁명일 텐데, 이러한 추정으로 인해 필연적으로 생명의 가치가 떨어지게 될까? 제1차 세계대전으로 1,000만 명이 죽었고, 제2차 세계대전으로 6,000만 명이 죽었다는 사실을 아는 것은 도움이 된다. 1961년에 미국이 10억 명, 그러니까 그 시대 전 세계 인구의 1/3을 죽음으로 몰아넣을 수도 있었을 전 세계적 핵전쟁을 계획했다는 사실을 깊이 생각해 보는 일은 중요하다.[38] 이 숫자는 순전히 추상적인 것으로, 우리는 이 숫자가 무엇을 의미하는지는 상상할 수조차도 없다. 그러나 이 숫자들은 기준점으로서 없어서는 안 되는 것들이다. 모든 죽음을 서로 교환 가능한 것으로 만드는 것은 통계가 아니라, 전쟁이나 감염병이다. 알베르 카뮈의《페스트》의

---

38 Daniel Ellsberg, *The Doomsday Machine : Confessions of a Nuclear War Planner*, New York, Bloomsbury, 2017, p. 2-3.《일어날 수 없는 전쟁. 핵전쟁의 형이상학 시론 *La guerre qui ne peut pas avoir lieu. Essai de métaphysique nucléaire*》, Paris, Desclée de Brouwer, 2018, p. 31-34에서 내 설명을 읽을 수 있다.

주인공인 의사 리외는 지나치게 감상적인 한 기자로부터 "추상 속에서 살아간다"는 비난을 듣는다. 리외 자신인 화자는 이렇게 썼다.

> 페스트가 1주일 평균 500명의 희생자를 내면서 기승을 부렸을 때 병원[39]에서 보낸 이 날들이 정말 추상이었을까? 그렇다. 이 불행에는 추상적이고 비현실적인 것이 있었다. 그러나 추상이 당신을 죽이기 시작한다면 추상에 몰두해야 한다.[40]

비평가들의 비난처럼 생명 권력이 생명과 보건에 파괴적인 결과를 가져온다고 가정한다 해도, 다른 식으로 공격받을 때 생명이 보호받을 가치가 없다는 결론은 전혀 나오지 않는다. 우리가 방금 보았듯, 신성화와 타락을 혼동하면서 비평가들이 문제를 어렵게 만들지만 않았다면, 이 주장이 명백히 옳은 것인지도 모르겠으나, 생명을 보호하는 행동이란 정확히, 생명을 순전히 주어진 사실로 다루고, 그것을 자기 필요를 채우기 위해 제멋대로 가공하는 재료로 환원해 버리는 생명 권력을 일리치가 고발하면서 했던 바로 그 행동이다. 일리치의 주장은 생명을 '우상화'하지 않으면서 동시에 생명을 보호하자는 것이다.

---

39 [역자 주] 리외가 일하는 병원.

40 *La Peste* (1947), Paris, Gallimard, coll. Folio, 1972, p. 85.

4

—

앙투안
르베르숑과의
대담

앙투안 르베르숑과의 대담

<르 몽드>, 2020년 7월 4일자

앙투안 르베르숑 (R) 선생님께서는 2002년에 발표한 책에서 '계몽적 파국주의'라는 개념을 만들어내셨습니다. 기후변화, 산업과 테크놀로지의 파국, 핵전쟁 등 인류의 미래를 짓누르는 위협을 주제로 한 토론에서 자주 언급되는 개념이죠. 코로나19 팬데믹 같은 자연의 파국의 경우, 이 개념은 우리에게 어떤 소용이 있을까요?

장 피에르 뒤피 (D) 그 개념이 전혀 소용이 없을까봐 걱정입니다. 사상가이자 철학자인 제 많은 동료들은 자기들이 항상 생각해왔던 것이 이 사건으로 확인되었다고 주장하며 너무도 기뻐하더군요. 붕괴론자들 같은 어떤 이들은 자기들이 그저 10년 후로 예측했던 세계적 규모의 붕괴가 도래했다는 점으로 갖게 된 기쁨을 여과 없이 표현하기까지 했지요. 전체적으로는 프랑스 지성계가 이 사건으로 무너질 정도는 아니라는 점을 보여주었습니다. 미셸 우엘벡Michel Houellebecq이 "우리는 격리 이후에 새로운 세상에서 깨어나지는 않을 것이다. 어차피 똑같겠지만, '좀 더 나쁠 것'이다"라고 썼던 것을 생각해 볼 수 있겠군요.

　　계몽적 파국주의라는 말은, 그 표현이 혼동을 유발할 여지가 있었던 만큼 이제 더는 쓰지 않으려 하지만, 앞에서 언급하신 위험들에 직면해 있는 오늘날의 세상에서 불행의 도래를 예언하는 자의 역할을 성찰하면서 생각하게 된 것입니다. 그러나 그 개념이 현 상황을 주목해볼 때 소용되는 바가 전무하다면, 그것은 우리에게 닥친 것이 자연적 파국이라서가 아니라, 우리가 어느덧 이 감염병의 커다란 소용돌이 속에 들어와 있었기 때문이지요. 불행의 도래를 예언하는 자라는 역설은 제가 그 불행을 더 잘 극복하기 위해 밝혀보고자 했던 것이었는데요. [13] 그 예언자가 불행을 예고하는 것은, 불행이 다가오리라는 말을 듣는 사람들에게 그 불행이 일어나지 않도록 할 힘과 지성을 발견하게끔 하려는 것입니다. 그러므로 그는 가짜 예언자인 한에서만 좋은 예언자가 됩니다. 그의 예언이 세상에서 일어난 결과들 자체로 반박되는 경우 말이지요. 그런데 현재의 경우, 우리는 이미 파국 속에 들어와 있어요. 물론 이 말은 파국의 철학자가 아무 말 없이 잠자코 있다는 의미는 또 명백히 아닙니다.

　　R 선생님께서는 이 파국이 결국 모든 바이러스도 살아있는 종으로서 '자기 삶을 사는' 것이니 '자연적'이라고 말씀하시

는 건가요? 아니면 인간이 자기들이 저지른 형편없는 행동의 값을 치르는 것이니 이 파국이 '도덕적'이라고 말씀하시는 건가요?

D 아테네의 페스트를 언급한 투키디데스Thucydide[1]도, 유스티니아누스Justinianus의 페스트를 언급한 프로코피오스Procopios[2]도 이 사람에서 저 사람으로 옮겨가는 무엇인가가, 그러니까 우리가 전염이라고 부르는 것이죠, 수평적으로 전달되는 것이라고는 생각하지 않았습니다. 확실히 그들은 개인들이 동일한 장소에 모여 있을 때 가장 병에 걸리기 쉬웠다는 사실을 관찰했습니다만, 그들은 그 질병이 하늘에서 왔다고 추론했습니다. 여기서 '감염병épidémie'이라는 용어가 나왔지요. 인민demos보다 위epi라는 의미입니다. 이 무엇인가는 모든 사람들에게 공통된 것임에 틀림없습니다. 그들 모두가 죽지는 않더라도 결국 모두에게 닥쳤으니까요. 그러므로 그들 모두가 들이마신 공기와 부패의 악취가 원인이었다고 설명해야 했습니다. 그러나 이러한 설명 이면에 진정한 원인이 있습니다. 예를 들어, 네메시스[3] 여신이 집행한 신들의 복수라는 것 말입니다. 이러한

---

1 [역자 주]《펠로폰네소스 전쟁사》를 지은 그리스의 역사가.

2 [역자 주] 6세기 동로마제국의 역사가.

3 [역자 주] 그리스 신화에서 복수를 관장하는 여신의 이름.

생각은 오늘날 우리에게 낯선 것일까요? 급진적 생태주의자들은 주저 없이 인간이 자연에게 못할 짓을 하는 것과 똑같은 방식으로 자연이 복수한다고 말합니다. 그리고 이것은 '상징적인' 방식으로 말하는 것만은 아니에요. 그들은 이 자연을 권리를 보유하고 있는 준準인간으로 여기며, 그것을 가이아Gaïa라고 불렀습니다. 이반 일리치는 1975년에 의료 제도가 보건 위생에 행사하는 독점을 근본적으로 비판하는 저작을 출판했는데, 그 어느 때보다 타당한 비판이었죠. 그는 계시적으로 그 책에 '의학의 네메시스'라는 제목을 붙였습니다.

그러나 악에 관한 서구적 견해들의 역사에서 그 악을 초래한 것은 이러한 종교적인 비전이 아닙니다. 신이 있었던 곳에 인간들은 대문자의 인간을 대체했습니다. 신을 판단한다는 것을 그리스어로는 변신론辯神論théodicée이라고 하는데, 이것은 인간에 의한 인간의 기소, 블라디미르 장켈레비치의 말에 따르면[4] 변인론辯人論anthropodicée에 자리를 내주었습니다. 이렇게 대체해 버린 원흉이 바로 장 자크 루소이지요. 그는 리스본 대지진에 관해 이러한 의미로 볼테르에게 답변했고, 그로부터 6년 후에 《에밀 Emile》에서 이렇게 썼습니다. "인간이여, 더는 악을 창조한 자를 찾지 말라. 그 자는 바로 너 자신이다. 네가 행하거나 견디는 것과 다른 악은 존재하지 않으며, 그 어느 쪽이나 너로

---

4 *Le Je-ne-sais-quoi et le Presque-rien*, Paris, Seuil, 1981.

부터 나온다."

루소 이후에 '자연적 파국'이라는 범주는 더는 받아들여지지 않았습니다. 지진, 화산 폭발, 쓰나미, 태풍, 가뭄, 홍수를 생각해보세요. 항상 인재人災였다는 점을 알게 됩니다. 그러므로 인간에게 책임이 있고, 인간이 잘못을 저지른 것입니다. 누구도 SARS-CoV-2라고 부르지는 않지만 이 바이러스도 같아요. 중국, 바이러스 생명공학, 야생동물 거래, 생물다양성 훼손, 저렴한 항공, 그리고 왜 아니겠습니까마는, 인류세, 신자유주의 중에서 이유를 찾죠. 이러한 비난 대상 전부, 혹은 어떤 것들 중에 진실이 있을 수 있고, 이들 원인을 연구하는 과정에서 좋은 점도 있을 수 있어요. 그로 인해 치료제가 발명되니까요. 칸트는 루소를 "도덕 세계의 뉴턴"이라고 부르지 않았습니까?

문제는, 우리가 만일 우리를 덮친 악의 유일한 원인이라면 그때 우리의 책임은 엄청나게 커지게 된다는 점입니다. 이미 네메시스 여신은 우리가 우리의 것인 세계를 창조했다는 오만을 드러내자 우리를 처벌했죠. 그렇다면 우리가 그 세계를 살리려는 야심을 가질 때, 이 여신은 우리에게 어떤 운명을 마련할까요?

스스로 완전히 외부에 문을 닫아버린 인간 세상에 결여된 것은 무엇일까요? 확실히 신은 아닙니다. 세상을 닫아버린 것은 신에게 맞서기 위한 것이니까요. 그 세상에 결여된 것은 철학자들이 '우발성'이라고 부르는 것입니다. 우리는 그것을 우연, 사고, 요컨대 인간의 통제를 벗어나는 것이라고 부릅니다. 바로 그 때문에 희생자들이 항상 "도대체 왜?"라고 묻는 질문에 대답할 수 없는 것입니다.

R 테크놀로지-과학(의학 영역)의 전문성과 정치적 선택 사이에 교차가 이루어진 현 상황을 어떻게 분석하십니까?

D 이 문제에 관해서는 설령 푸코를 읽지 않았더라도 권력의 관점에서 답변을 떠올리게 됩니다. 의사들이 실행하는 '생명권력'이 정치권력을 압도하게 될지도 모릅니다. 그렇게 되면 전문가들이 게임마스터가 되겠죠.

그러나 저는 이 문제가 훨씬 더 심각하고, 우리를 이끌고 있는 지도자들의, 과학에 대한 무지와 관련돼 있다고 생각합니다. 우리는 과학과 기술로 완전히 가공된 사회에서 살고 있습니다. 사정이 이런데도 그 사회를 통치하는 사람들 중 십중팔구는 과학의 문맹 같은 이들이죠. 물론 그들이 과학 정보라고 불리는 것을 사용하지 않는 것은 아닙니다. 지도자들이나 그들의 자문들은 이 정보를 보고서, 책, 전문가들이 작성했거나 위키피디아에서 긁어온 파일, 라디오 방송에서 얻을 수 있겠지요. 물론 중요한 것은 그 점이 아니죠. 또한 그들이 이러한 식으로 얻는 과학 교육이 순전히 문학적이거나 경영적이라는 것도 아닙니다. 위대한 문인이면서 동시에 과학 사상에 접근하는 것도 가능하니까요.

문제는 훨씬 더 이전에 존재해요. 즉, 과학이 문화의 일부가 되지 못한다는 점에서 나옵니다. 그리고 이 점에 관해서는 과학자들부터 시작해서 많은 사람들에게 책임이 있습니다.

제가 '과학의 사유'라고 부르는 것, 그 한 예를 들고 싶군요. 특히 유행병 분야에서는 중요한 주제입니다. 1943년에 사이버네틱스 분야에서 '포지티브 피드백rétroaction positive'(영어 positive feedback의 번역입니다)이라는 개념이 생겼습니다. 하이데거는 사이버네틱스를 두고 "원자 시대의 형이상학"이라고 말했죠. [8] 온도조절장치를 조작해본 사람들이라면 포지티브 피드백이 무엇인지 압니다. 방의 온도와 목표하는 온도 사이의 차이가 난방 시스템에 되돌아가서, 이 차이가 양이냐 음이냐에 따라 차이를 강화하거나 지연시켜 그 차이가 사라질 때까지 계속 시스템을 가동하는 것입니다. 반대로 포지티브 피드백의 상징은 자기 꼬리를 무는 뱀이라는 전통적인 형상입니다. 그리스어로는 우로보로스ouroboros라고 하죠. 이는 악순환이 아니라 가능한 것들의 창조와 개시의 상징입니다.

감염병은 이 형상을 특히 사슬로 이어진 반작용의 형태로 보여줍니다. 신규 확진자가 사실 필연적인 결과로ipso facto 감염 유발자가 되는데, 여기서 결과는 다시 원인이 되는 것이죠. 각각의 감염에 의해 생긴 신규 감염의 평균 숫자가 1보다 크거나 작음에 따라, 그 힘la dynamique은 급증하거나 사라집니다. 그러나 다른 가능성들도 많아요. 이 힘 전체를 공식으로 만드는 수학의 함수가 지수함수입니다. 이 함수의 특성은 정의해 볼 만한 것인데, 단위 시간당 함숫값의 증가가 이 값에 비례한다는 것입니다. 감염병이 폭증하는 국면에서는 확산속도가 클수록 더 큰 가속이 붙습니다.

이 점을 이해하는 사람이라면, 어떤 폭발적인 힘이 거의 무나 다름없는 것un presque-rien이나 무언지 모를 것un je-ne-sais-quoi에서 생길 수 있다는 점도 이해할 겁니다. 얼핏 보기에 프랑스가 독일보다 그 힘에서 더 벗어나지 못했던 이유는 무엇일까요? 한가지 기이한 사건이 있습니다. 2월에 뮐루즈[5]의 개신교 열린문교회에서 2,400명을 상회하는 신자들이 집회를 가졌습니다. 이 사건만 봐도 프랑스와 독일의 차이는 확연하지요. 이는 트럼프의 미국이 2주 늦게 대응한 결과 55,000명의 사망자가 발생했던 것과 같습니다. 모든 것이 마치 우발성이 원인 유발 인자인 것처럼 일어납니다. 이 점을 이해하지 못하는 사람이라면 신과 우연을 구분하지 못할 것이라는 점도 자명합니다.

종교(예배의식 때 동일한 장소에 상당히 많은 공동체 신도들이 함께 자리합니다), 여행(여행자들이 몰려 있는 곳에 가지는 않더라도 모든 여행자들은 결국 같은 곳에서 만납니다), 경제(규모

5　[역자 주] 프랑스 동쪽 알자스 지방의 코뮌.

수익 연구에는 지리학적 밀집이 포함됩니다), 도시(도시들은 이미 많은 사람들을 끌어들였고 계속 끌어들이고 있습니다)나 또 다른 분야들에서 의태擬態 과정을 살펴본다면, 인간 활동이 이루어지는 공간 구조라면 어디에서나 포지티브 피드백이 있음을 알 수 있지요. 이미 밀집된 곳에 밀집하게 되는 것이죠. 이로부터 유명한 '클러스터clusters' 혹은 집합이 생깁니다. 우리는 그들이 바이러스 확산의 슈퍼 전파자(영어로는 superspreaders라고 합니다)임을 알고 있습니다. 복잡계 이론가 알베르 라즐로 바라바시Albert-László Barabási가 대단히 큰 영향을 받은 이 모델에서, 이 응집agglomération은 '국소세계petit monde' 모양을 하고 있는 네트워크의 허브hubs입니다. 네트워크의 모든 매듭은 이 허브를 매개로 서로 가까워집니다.[6] 그러니 이러한 구조 속을 돌아다니는 바이러스를 멈춰 세우기란 극난한 일임을 알 수 있습니다. [11]

많은 프랑스 지식인들은 과학적 소양이라는 점에서 정치가들 못지않게 무지합니다. 심지어 어떤 이들은 그것을 긍지로 삼기도 합니다. 그리고 그들이 또한 '코로나 회의론자'라는 점은 놀랍지도 않지요. 그들은 "별것도 아닌 일로 이렇게 호들갑을 떨고 이만한 패닉에 사로잡히다니! 영양실조로 매년 900만

---

6 Albert-László Barabási, *Linked : The New science of Networks*, New York, Perseus, 2002.

명이 죽고, 그중 300만 명은 어린이인데, 이 바이러스가 죽을 수밖에 없는 인간의 조건에 더 대단한 것을 더한단 말인가"라고 외칩니다. 중국에서는 6월 18일에 감염병이 재확산하는 것을 보고 상황이 "극단적으로 심각하다"고 판단했습니다. 두 달 전부터 생활은 정상을 되찾았었는데도 그랬어요. 대규모 진단 캠페인이 조직되었고, 다시 한 번 격리 조치가 시행되었고, 모든 학교들이 다시 문을 닫았습니다. 어떻게 이렇게 흥분하게 된 걸까요? 5일 만에 베이징의 한 시장과 관련되어 100명의 환자들이 발생했기 때문입니다. 우리네 지식인들은 그 일로 서로 목을 조를 뻔 했습니다. 하지만 중국은 정확히 판단했고, 이 감염병 유행이 재발하지 않도록 완전히 사전에 차단했어요.

R 왜 프랑스에서는 격리 조치가 그러한 회의주의를 일으킨 것일까요?

D 상대적으로 대단치도 않은 질병에, 당장 희생자가 3만 명도 안 되는데도 정작 취해진 조치들은 과도한 것이었다는 이야기를 왜 사람들은 그렇게나 많은 설명을 동원하며 기를 쓰고 하려 했는지, 정말 이해하기 어렵습니다. 여론에서 어떤 궤변이 만연하고 있음을 이해하는 데 상당한 시간이 필요했던 적이 있었지요. 21세기로의 거짓(그렇다고 진짜인 것도 아닌) 이행의 시대에 일어났던 일을 준거로 삼아보자면, "Y2K"(서기 2000년

이라는 의미입니다)라는 약호로 알려진 궤변 말입니다. 당시 해(年)를 가리키는 숫자의 코드가 맞지 않아서 세상의 모든 컴퓨터가 멈추면 어쩌나 많은 이들이 걱정했었지요. 연도의 숫자는 뒷자리 두 수로 제한되었기 때문에 1999년 다음해가 2000년이 아니라 1900년으로 나타나기 때문입니다. [5]

결국 파국은 일어나지 않았습니다. 다 잘 지나갔지요. 하지만 정보 시스템을 완전히 바꾸는 데 몇 조 달러를 썼어요. 당연히 이 문제가 그렇게 심각한 것은 아니었고, 여기에 쓰인 돈 대부분은 쓸데없이 낭비되었다는 결론이 났죠. 코로나 회의론자들 중 일부는 정통 철학자들인데도 주저 없이 똑같은 거짓추리에 빠져들었습니다. 논리학은 과학에서 중요한 것만큼이나 철학에서도 중요한데도 말이죠. 그들은 엄청난 비용이 드는 강제 조치들은 긁어 부스럼이라고 합니다. 심지어 성공을 거둘 때조차도 말이죠.

초등학교에서 국립행정학교까지(국립행정학교ENA[7]가 여전히 존재한다면 말이죠) 모든 학생들에게 과학에 대한 이러한 생각을 가르치는 것이 바람직합니다. 그렇게 된다면 그때 권력 문제는 다른 방식으로 제시될 겁니다.

---

7 [역자 주] 이 학교는 2021년 4월 8일에 프랑스 대통령 엠마뉘엘 마크롱에 의해 문을 닫았다.

R 하지만 격리로 인한 경제 위기가 심각하다는 문제는 실제로 제기되고 있습니다. 앞으로 인간 생명의 보호라는 문제가 경제 성장이라는 절대적인 필요성보다 더 강력한 것이 될까요?

D 2008-2009년 자본주의의 위기 직후에 제가 출간한 책이 한 권 있습니다. 사실 그 위기로 인해 경제 패러다임이 파탄날 수도 있었지만, 실제로 그렇게까지 되지는 않았습니다. 그 책[8]의 부제는 '경제-속임수écono-mystification[9]에서 벗어나기'였습니다. 저는 이 책에서 경제적 사유가 뜻하지 않게 만나게 될 걸림돌, 그 사유가 봉착해서 결국 사라져버릴 수도 있을 장애물이 있다면 그것은 의료 경제가 되리라고 내다봤지요. 경제학자들은 직업 특성상 인간 조건의 가장 기초가 되는 요소들에 믿을 수 없도록 무감각해요. 특히 그들이 죽음의 문제를 다루는 방식보다 그들의 무감각을 더 잘 드러내는 것도 없을 겁니다. 현재의 위기는 이 점을 충격적으로 보여주고 있습니다.

4월 27일, 그러니까 한창 격리 중일 때 프랑스 퀼튀르France Culture의 정말 멋진 프로그램 〈경제를 들어요Entendez-vous l'éco〉

---

8 Jean-Pierre Dupuy, 《경제의 미래 *L'Avenir de l'économie*》, Paris, Flammarion, 2012.

9 [역자 주] 프랑스어 경제économie와 속임수mystification라는 두 단어를 붙여 만든 말장난.

는 당신이 지금 제게 던진 바로 그 질문을 다뤘습니다. 툴루즈 경제 학교장인 경제학자 크리스티앙 골리에Christian Gollier가 초대를 받았습니다. 툴루즈 경제 학교는 이름 높은 학교이지요. 프랑스에서 두 번째로 노벨 경제학상을 받은 장 티롤Jean Tirole 이 거기에서 가르칩니다. 종종 '신자유주의'의 보루 중 한 곳이라는 비판도 받는데요, 저는 그보다는 '경제-속임수'의 명승고적지 중 한 곳이라고 말하고 싶군요. 이곳의 멤버들은 특별히 두꺼운 눈가리개를 하고 있으니까요.

격리 조치라는 선택이 적절했느냐의 질문에 크리스티앙 골리에는 우리에게 선택지가 없었다고 솔직하게 대답했습니다. 즉, 격리가 없었다면 의료 분야의 손실은 끔찍한 수준일 수도 있었다는 겁니다. 아마 2020년 말이면 사망자가 100만 명에 이르렀겠죠. 하지만 사태가 악화되었던 것은 이 결산이 방법적인 검토에 들어갔을 때였습니다. 그는 의료 경제의 기초 개념이 인간 생명의 가치라는 개념임을 상기시켰습니다. [10] "생명은 값을 매길 수 없다"거나 "어떤 비용을 치르든 무슨 일이든 해야 한다"는 격언에도 불구하고, 우리는 일상적으로 우리 자신의 생명이라는 희망과 다른 이익 사이에서 조율을 합니다. 그의 설명으로는 기호냐 가치냐, 입니다. 우리는 위험한 일들도 감행하죠. 담배를 피우고, 술을 마시고, 잠을 안 자고, 더 저렴하고 덜 안전한 자동차를 구매합니다. 그러므로 우리 각자는 우리의 생명에 유한한 가치를 부여하고, 그 유한한 가치는 우리의 선택으로 드러나게 됩니다. 이 경제학자에 따르면, 만일 공공 권력이 이 주제로 민주적인 토론을 조직하고, 거기서 공동체를 위한 어떤 가치를 끌어낼 수 있었다면 이 가치는 일반이익l'intérêt général에 부합하는 결정을 내리는 데 하나의 지표가 되었을 겁니다. 예를 들어, 고속도로에서 최고속도를 110km/h로 제한해야 할까요? 여기서 계산해야 할 악과 선은 한쪽에서는 시간의 낭비이고, 다른 한쪽에서는 연료비, 이산화탄소 배출, 사망 사고 건수의 감소입니다. 적절한 가치 평가 덕분에 인간 생명의 가치를 포함한 이 모든 가치는 유로화로 환산될 수 있고, 이 결산표는 대수학의 단순 합이 됩니다. 이 경제학자에 따르면, 의료와 경제도 동일한 방법에 따라 조율되지 않을 이유가 없습니다. 크리스티앙 골리에가 이 계산에서 인지한 유일한 문제는 민주주의의 부재입니다. 그에 따르면, 프랑스에서 1970년대 이후 어느 한 인간 생명의 가치는 기술 관료적인 방식으로 결정되었습니다. 오늘날 그 가치는 300만 유로가 됩니다.

R 사정이 이런데도 경제적 가치 영역이 이토록 확장되고 있는 현실에서 더 큰 문제들을 보고 계시는 거죠?

D 돈으로 살 수 있도록 바뀌어야 비로소 재화가 되는 것들

이 있어요.[10] 육체적 사랑에서 학위 취득까지, 사례는 차고 넘칩니다. 확실히 이 경제학자는 방송 도중 인간 생명의 화폐적 가치는 어떤 값으로 교환 가능한 상품이 되지는 않는다고 주장했습니다. 무슨 말이냐면, 저는 당신에게 300만 유로를 지불하고 당신을 노예로 삼을 수 없어요. 그런데 돈으로 살 수 있도록 바뀌어야 어떤 재화를 살 수 있다면, 그 상황에서는 돈이 모든 것을 재는 척도가 될 수 없다는 점을 잠깐 잊은 셈이지요. 어떤 재화에 화폐적 가치를 부여한다는 것은, 우리가 설령 그 재화를 소유하고 있을지라도 상징적 차원에서는 돈으로 바꿀 수 있도록 보장한다는 것입니다. 그래서 국립통계경제연구소INSEE는 여성의 가사 노동을 요리사가 행한 주방 노동의 가치로 측정하지요. 아이들과 보낸 시간의 가치는 어떻게 될까요? 동일한 '노동'을 하는 유모에게 지불하게 될 가치로 측정됩니다. 저는 이것이 혐오스럽습니다. 이른바 '통계적'이라고 불리는 인간 생명의 경우는 어떨까요? 돈이 마법이라도 부려 비교 측정하는 것이 가당치도 않은 여러 생명들을 집합시킬 수 있는 것일까요? 그때 인간의 생명은 모두 똑같은 가치를 가질까요? 예를 들어, 젊은이의 생명과 노인의 생명, 이 둘의 가치는 어떨까요?

---

10   Michael J. Sandel, 《돈으로 살 수 없는 것 *Ce que l'argent ne saurait acheter*》, trad. Christian Clerc, Paris, Seuil, 2014. 장 피에르 뒤피의 서문이 실려 있음.

지금 이 바이러스가 고령자들을 죽이고, 대단히 젊은 사람들은 대부분 살려둔다는 사실을 모르는 사람은 없습니다. 보건부 장관의 발표문들은 우리에게 그 사실을 반복해서 알려주고 있지요. 그러니 왜 젊은이들이 격리되고, 자신들의 일자리를 잃고, 자신들보다 나이 많은 사람들을 위해 희생되어야 하겠습니까? 경제냐 삶이냐 사이의 선택은 이 문제로 귀결됩니다. 크리스티앙 골리에는 누구도 희생하지 않아도 되는 한가지 해결책을 제시했지요. 노인들을 계속해서 그러니까 6개월이나 1년쯤 격리하자는 겁니다. 그리고 젊은이들은 격리 해제를 하고 사회생활을 영위하면서 위험에 노출되도록 내버려두자는 것이죠. 젊은이들은 서로 감염시키겠지만 심각하게 감염될 이들은 거의 없겠죠. 그들은 그렇게 집단 면역에 도달할 수 있을 겁니다. 노인들 덕분에 말이죠. 그리고 그때 노인들은 격리 해제될 수 있겠지요. 세대 간 연대와 정의를 보여주는 멋진 사례가 되지 않겠습니까?[11]

　작고한 경제학자 케네스 불딩Kenneth Boulding(1910-1993)
은 거의 언급되지 않지만 정말 중요한 인물이지요. 언젠가 불딩
은 이러한 말을 했습니다. "기하급수적 성장[지수 성장]이 유한
한 세계에서 무한히 계속될 수 있다고 믿는 사람은 바보이거나
경제학자"라고요. 저는 이 말을 빌려와 크리스티앙 골리에가
멋지다며 제시한 끔찍한 제안들을 소리 높여 이야기할 수 있는
사람은 괴물이거나 경제학자라고 말하겠습니다.

　하지만 그는 경제학자이니 다행한 일입니다. 저는 정말 많
은 사람들이 자기도 모르게 경제학자가 되었다고 가정합니다.
괴물은 아니지만 크리스티앙 골리에의 논거를 받아들인다는
의미에서 말입니다. 그리고 바로 그 이유로 그들은 다음의 사실
을 망각해야 합니다—노인들의 대규모 희생이 더 심각해지지

11　2020년 10월 23일의 노트. 크리스티앙 골리에의 해결책은 백악관에
서는 법과 같은 효력을 갖는다. 특히 스탠퍼드 대학 교수로, 신경방사능과
의 스콧 아틀라스 박사Dr Scott Atals의 지지를 받는다. 아틀라스 박사는
감염병학이나 바이러스학 분야에서는 대통령보다 더 공부한 것이 없다. 박
사는 '그레이트 배링턴 선언Déclaration de Great Barrington'에서 아이디어를
얻었다. 미국 자유주의의 첨단을 달리는 미국경제연구소가 있는 매사추세
츠 주의 한 작은 마을 이름이다. 이 연구소에 돈을 대는 사람이 백악관을 떠
받치는 지주들 중 한 명인 갑부 찰스 코크Charles Koch이다. 현재 국가 감염
병 책임자 자리에 있는 앤소니 파우치 박사Dr Anthony Fauci는 이 선언에 담
긴 내용이 '우스꽝스럽다'고 잘라 말했다.

않았다면, 그것은 그들이 노인요양시설이나 자택에 격리되었기 때문이라기보다는, 그들과 마찬가지로 가장 젊은 사람들도 격리되어 노인들을 더는 방문하지 않았기 때문입니다. 노인들을 감염시키는 이들이 바로 젊은이들이니까 말이지요. 그러니까 노인들이 젊은이들에게 빚을 졌다고 말할 수 있습니까? 내 가죽을 원하는 누군가가 나를 죽이지 않겠다고 한다면, 저는 그에게 빚을 진 것일까요? 혹은 어떤 사람의 사회 활동이 제 생명을 위협하는데 그가 더는 그 활동을 하지 않겠다고 한다면 나는 그에게 빚을 진 것일까요? 제가 보기에 이 두 가지 경우에서 답은 명백하게 '아니오'입니다.

그렇다면 젊은이들과 성인들이 격리되었다고 해서, 그들이 자기들보다 나이 많은 사람들을 위해 희생을 한 것은 전혀 아니지요. 우리의 경제학자의 해결책은 고독 속에 갇혀, 간혹, 혹은 종종 죽음을 통해 해방을 찾고자 하는 고령자들의 고통을 제외해 버리는 것입니다. 브라질 대통령 자이르 보우소나루는 에둘러 이렇게 말했지요. "바이러스 때문에 고령자들이 입는 참화가 참으로 안타깝습니다. 하지만 그들은 무엇으로든 죽게 되어 있는 사람들이지요."

5

_

서기
2000년의
궤변

5

서기 2000년의 궤변

2020년 8월 2일

다들 잊었겠지만 1999년 당시 미국인 절반은 겨울 휴가로 비행기를 타게 된다면 어떤 경우에도 2000년 1월 1일에는 비행기로 여행하지 않을 것임을 공언했다. 이 날짜는 세계의 일부 민족들에게는 매혹적이었지만 동시에 공포스러웠다. 어떤 이들은 하나의 문턱을 곧 넘게 될 텐데, 1999년에서 2000년의 이행은 세계의 종말이나 완전히 새로운 미지의 시대의 출현이 될 것이라고 막연히 예감했다. 물론 진심 어린 종교심 이상으로 미신이 문제였다. 전설과는 반대로, 아무런 공포도 일으키지 않고 지나갔던 서기 1000년으로의 이행과 차이가 있다면, 이번에는 전 세계인이 이 이행을 알고 있었다는 점이다. 서기 1000년 당시 자기가 몇 살인지 아는 사람은 극히 적었고, 대부분은 그 해가 몇 년인지도 몰랐다. 아이러니는 1000년 후의 그들의 후손도 계산을 못하기는 마찬가지였다는 것이다. 그들은 두 번째 천년이 2000년 1월 1일에 시작된다고 믿었지만, 사실 두 번째 천년이 시작된 것은 그로부터 1년 후였다. 탄생의 첫 해가 0년이 되는 사람의 나이와 달리, 첫 번째 세기는 숫자 1로 시작한다. 2000년 후라면 2001년이지 2000년이 아니다.

더 심각한 아이러니가 이 사건 전체에 깔려 있었다. 인구 중 극소수의 사람들은 실제로 서기 2000년의 도래를 대단히 두려워했지만, 이번에는 성격이 완전히 다른 이유에서였다. 그리고 그들의 면면을 살펴보면 과학자들, 기술자들, 전문가들이었다. 그들을 충격에 몰아넣었던 것은 서기 2000년으로의 이행이지 새천년은 아니었다. 사회 전 분야의 정보화가 이미 지구상 대부분의 국가들에 공고히 자리 잡혀 있었다. 멀쩡했던 모든 시스템이 1999년 12월 31일의 마지막 1초 후에 비정상적으로 움직이거나 멈춰 설 위험이 있었다. 당시엔 '붕괴학'에 관한 이야기는 없었지만, 대규모 붕괴라는 생각이 담당자들의 정신에서 떠나지 않았다. 최악의 시나리오가 예상되었다. 파리나 뉴욕의 병원들에서 심장 모니터와 x선 진단 장치들이 고장 나고, 현금 지급기가 망가지고, 대규모 예금인출 상황이 벌어지고, 승강기가 두 층 사이에 끼여 멈춰 서고, 전력 발전기가 고장 나고, 열차 운행이 중단되고, 핵발전소에서 기술적 장애가 발생한다. 우발적인 핵전쟁 발발까지 포함해서 이 모든 일이 예상되었다.

하지만 이 위협의 본질은 무엇이었는가? 1960년대에 정보 처리가 날개를 달고 도약했을 때, 당시 프로그램 개발자들은 코드를 절약한다며 모든 해(年)의 네 숫자 가운데 첫 두 숫자를 제외했다. 예를 들어, 1975년은 75로 코드화되었다. 서기 1999년이 되면 99로 표기되고, 그 다음 해는 00으로 표기될 것이고, 정보 시스템은 그것을 1900년으로 읽을 수밖에 없을 것이라고 예측한 것이다. 몇몇 사람들이 그렇게 예측했다는 말이다. 새천년이라는 미지의 영역에 뛰어들 두려움에 기계들이 마비되어, 오히려 20세기의 첫 해로 돌아가버릴지 몰랐다. 그것이 서기 2000년의 버그bug가 되는 것이다. 영어 'Y2K bug'가 바로 이것을 의미한다. 최악을 내다봤던 사람들이 결국 그렇게 내다본 것이 옳기는 했다. 다만 그들은 위험의 원천을 잘못 생각했던 것이었는데, 그 원천은 묵시록의 운명론이 아니라 맹목적 기계 결정론이었다.

1990년대 중반까지만 해도 과도한 불안은 없었다. 하지만 그 이후에는 총동원령이 내려졌다. 정보기사들은 이 문제의 중요성을 정부에 설득하는 데 성공했다. 대규모의 공적 예산 및 사적 예산만큼이나 두뇌 인재 분야에도 엄청난 재원이 동원되었다. 프랑스에서 EDF와 프랑스 텔레콤 같은 대형 공기업들이 정보 시스템 정비에 각각 10억 프랑을 투자했다. 사기업들은 오늘날 110억 유로에 상당하는 돈을 투자했다. 전 세계적으로 출자된 비용이 약 3,000억 달러에 달했다.

잊지 않았다면 다들 알겠지만, 결국 '버그'는 피했다. 그리고 이 사건은 기록될 가치가 있다. 전 세계적 차원에서 그렇게 심각'할 수도 있었을' 사건이 우리의 기억에 아무런 흔적도 남기지 않았다는 사실을 대체 어떻게 설명해야 할까? 파국주의 옹호자들이 작성한 가능한 파국의 카탈로그에도 이 사건은 거의 등장하지 않는다. 대답은 명백해 보인다. 그 이유란 정확히 그 재앙이 발생하지 않았다는 것이다. 서기 2000년의 '버그'는 일어나지 않았다. 하지만 당시 취해진 엄청난 조치들을 고려해 보면 20년이 지난 지금도 여전히 기억될 만큼 정신에 깊이 각인되었으리라는 반박도 가능할 것이다. 그러나 전혀 그렇지 않았다. 왜일까?

내가 서기 2000년의 궤변 혹은 Y2K라는 궤변이라고 불렀던 것을 넣을 자리는 바로 이 지점이다. 예방 조치의 성공 자체가 쟁점을 희미하게 만들었다. 한편으로 사람들은 문제가 해결되었으니 결국 대단히 심각한 일이 아니었다고 생각했다. 동시에 우리는 위협의 실재와는 무관하게 예방책의 비용이 엄청나게 증가했다는 점을 알게 되었다. 그래서 당시 프랑스 수상이던 리오넬 조스팽Lionel Jospin은 각료 회의에서 다음과 같은 예언적 발언으로 당시 실행된 조치들을 옹호해야 했다. "백신에 의문을 제기해야 한다면, 그것은 감염병이 존재하지 않아서가 아닙니다."

*

오늘날 우리는 이 궤변을 코로나19 팬데믹에 관한 수많은 프랑스지식인들의 펜이나 담론에서 발견한다. 이 궤변의 구조를 이루는 거짓 추리는 너무나 조잡해서 맞나 싶을 정도이다. 어떻게 추론하는 일이 몸에 밴 사람들이 보건당국이 '별 것 아닌 독감'에 불과한 것에 걸리지 않도록 하려고 시민의 자유를 침해하고 독재 체제를 강요하는 수준까지 나아갔다고 비난하는, 그토록 커다란 실수를 저지를 수 있을까? 나는 격리가 시행되었기 때문이라는 이유로는 전적으로 설명 불가능한 이러한 얼빠진 주장[2, 3, 4]과 필사적으로 싸우고 있다. 나는 그 극단적인 전형을 트럼프 대통령의 말에서 발견하는데, 미국 극우파는 그의 말을 전하고 실천하면서 자신들의 의견을 관철시키기 위해 전투용 소총을 들 준비가 되어 있다. 교활한 한가지 사례부터 살펴보겠다.

인류학자 디디에 파생Didier Fassin은 「생명의 가치. 보건 위기의 윤리학」이라는 제목의 논문을 이렇게 시작했다.[1]

코로나바이러스 팬데믹이 전대미문의 위기를 만들었다고

---

1   In 《출구다 이리로! *Par ici la sortie!*》, publication collective des éditions du Seuil, n° 1, juin 2020, p. 3.

말하는 것이 곧 이 질병 자체가 우리가 겪었던 것 중 최악이라는 뜻은 아니다. 홍역은 전염성이 훨씬 강하고, 에이즈는 훨씬 더 심각하다고 밝혀졌고, 또한 어떤 독감들은 전 지구적으로 확산되었으니 말이다. 따라서 이 말의 의미는 이 팬데믹에 대한 대응, 즉 대다수 국가에서 실시된 국민 전체의 예외 없는 격리가 전대미문이라는 것이다.

이 발언은 이상하게 평가된 조치들(인류 역사상 처음으로 행성이 돌아가는 것을 멈췄다)과 한가지 원인을 불필요하게 관련짓는다. 여기서 원인이라는 말은 그 결과를 일으킨 것과 동시에, 우리 모두가 따라야 할 대의라는 이중 의미로 썼다. 그것은 그저 '잔물결'은 아니더라도 과거에 다른 것들도 본 적이 있으니

그토록 특별한 것도 아니다. 내 말은 이렇게 관련짓는 것이 쓸데없는 일이라는 것이다. 파생 스스로가 누구라도 이 '전대미문'이라는 표현에 부여된 의미를 오해할 가능성을 배제하고 있으니 말이다. 내용의 차원에서는 불필요한 것이라도, 이 우회는 확실한 수사학적 효과를 갖는다. 한편으로 코로나19는 특별히 위험하지는 않은 위협이고, 다른 한편으로는 이제껏 단 한 번도 본 적 없는 예방책이 동원되었기 때문이다. 따라서 독자는 이로부터 코로나 팬데믹에 대한 조치는 여간 잘못된 것이 아니라는 한가지 결론을 끌어낼 수밖에는 없다.

여기서 나는 2000년의 궤변이 다시 출현함을 느낀다. 가

2　파생이 선택한 기준들은 정말 논쟁을 일으킬 수 있다. 홍역에는 백신이 있고, 에이즈는 성 매개 질병으로 감염병은 아니다. 그리고 파생이 1918-1919년의 '스페인' 독감을 팬데믹의 기준으로 삼는다면, 새로운 코로나바이러스는 독감 바이러스가 '아니'라고 강하게 반복하는 것이 옳다. 코로나바이러스는 독감 바이러스보다 훨씬 교활하고, 은밀히 진행되고, 집요하다. 비록 느린 걸음으로이었지만 우리는 세포의 '프로그래밍'을 혼란에 빠뜨리는 방식에서 특히 효과적인 대단히 기이한 바이러스를 상대하고 있음을 대단히 일찍 이해하기 시작했다. 코로나바이러스에 감염된 세포의 약 60%의 RNA가 바이러스에서 온 것인데, 이 점을 대부분의 바이러스의 1%의 수치와 비교해보자. 코로나바이러스는 자기가 뚫고 들어갔던 세포들이 사이토카인이라는 이름의 분자들을 통해 증원을 요청하도록 내버려둔다. 그러면 대규모로 달려오는 백혈구들은 앞뒤 보지 않고 공격한다. 백혈구는 지나가는 길에 모든 것을 파괴하고, 그렇게 남겨진 잔해들이 혈관을 폐색하고 폐에 가득 차게 된다. 이 특징들로 인해 코로나19는 자기면역성 질환과 관련된다 [3, 12].

장 무시무시한 위협은 아니라는 것은, 이 감염병에 내재하는 사실은 아니다. 그것은 단지 그 위협을 억제하려고 실행한 조치로 인한 다행스러운 결과일 수도 있을 것이다. 다만 그 조치들이 대중의 자유를 제한하고 국가 경제를 위기에 빠뜨리는 등 과도한 것이었다고 판단된 것이다. 파생이 이 점에 전혀 동의하지 않는 것은 아니다. 그는 넓은 의미에서 이 조치들 때문에 치러야 했던 비용과 그 덕분에 얻게 된 보건 상태를 비교하는 것이 의미 없다는 점을 이해했다. 그러니까 비교해야 하는 것은 이 조치들이 실행되지 않았을 상황과 관련된 보건 상태의 비용과 '개선'이다. 디디에 파생은 이렇게 썼다.

> 개입하지 않았다면 사망자 수가 얼마가 되었을까, 다시 말해 격리를 통해 구한 목숨의 수는 얼마가 되었을까에 관해서는 신뢰할 만한 계산을 [⋯] 내놓을 수가 없다. [⋯] 요컨대, 통계 연구소들이 내놓고, 정치 책임자들이 자기들의 행동을 정당화하거나 자랑하기 위해 사용하게 될 자료들은 있겠지만, 우리는 공공 권력이 취한 조치들로 실제로 몇 명의 생명을 구했는지 심지어 대단히 대략적으로도 알 수 없을 것이다.[3]

이 논문의 후반부에는 이 '알 수 없는 규모'가 더 이상 문제

---

3 *Ibid.*, p. 4.

되지 않는다.[4] 그러나 툴루즈 경제학파는 격리가 없었다면 프랑스에서 사망자 수는 연말까지 100만 명이 되었으리라고 추정한다. [4] 〈네이처〉에 최근 게재된 대단히 진지한 한 연구는 우리가 '봉쇄'라고 부르는, 예외적인 시대에 오직 시민의식만을 기반으로 하는 조치 덕분에 미국, 중국, 한국, 이탈리아, 이란, 프랑스 6개국에서 5억 명 이상의 감염을 피했음을 보여주었다.[5] 그러나 파생은 이런 추산을 사전에 거부했는데, 이를 자기 멋대로 이용하고자 하는 이들이 있을 수 있기 때문이다.

브라질과 미국을 살펴보면, 시장을 위한다는 명분으로 경제 규제 조치 없이 국민 건강을 희생하는 정책이 어떤 결과로 이

---

4 디디에 파생은 거짓추리의 위험에 무너진다. 논문의 좀 더 뒷부분에서 그는 프랑스와 독일을 비교한다. 독일은 감염병을 극복할 준비가 더 잘 되어 있었다는 것이다. 그는 이렇게 썼다. "[…] 격리 덕분에 몇 명을 구했는지 고려해야 했다면, 무능한 정부로 인한 사망자 수도 역시 고려해야 할 것이다." 나는 "고려해야 했다면"이란 말은 용서하겠다. 물론 그 수를 고려해야 한다. 그렇지 않으면 전혀 의미 없는 말을 하는 것이다. 그러나 구한 생명과 잃은 생명을 동일한 차원에 둔다는 것은 우리가 머릿속에서 대수적代數的 합산을 하고 있음을 전제하는 것이다. 그런데 우리가 좀 더 잘 할 수 있었을지 모른다는 사실은 우리가 한 일을 했다는 사실에서 아무것도 바꾸지 않는다! 얻지 못한 것은 우리가 얻은 것에서 아무것도 바꿀 수 없는 것이다.

5 S. Hsiang, D. Allen, S. Annan-Plan, et al., "The effect of large-scale anti-contagion policies on the COVID-19 pandemic", *Nature*, vol. 584, 8 juin 2020, p. 262-267. http://doi.org/10.1038/s41586-020-2404-8.에서 볼 수 있다.

어지는지 확인할 수 있다. 한편으로는 대량학살이 있고, 다른 한편으로도 경제는 이를 통해 이익을 취하지도 못하는 것이다. 주검이 누적되면 공장을 돌리지도 못하고 개인들의 소비에도 좋지 않다. 팬데믹 역사를 생각해보면 깊은 사유에 도움이 된다. 1918~1919년에 미국에 닥친 '스페인' 독감, 그 최악의 순간은 극단적으로 엄격하던 격리에서 지나치게 일찍 해방된 도시들에서 발생했다. 2차 유행이 그 도시들을 덮친 것이다. 하지만 파생은 이러한 질적 판단들이 모든 것을 해결해줄 수는 없다고 본다. 어느 면으로 보나 파생은 이 중요한 사실이 확정적이지 않다는 것은 그 사실과 관련된 규모가 존재론적으로 실재하지 않는다는 말이라고 생각한다. 그런데 '반反사실적인' 양자택일의 시나리오가 없다면, 우리는 어쩔 수 없이 서기 2000년의 궤변에 다시 떨어지고 만다. 터무니없이 과도했다고 판단된 조치들과 비교적 효과적으로 통제되었던 감염병만을 비교하면서 그 조치들과 감염병 간의 인과관계를 희미하게 만들어 버리는 것이다.

　이번 팬데믹의 중·단기적 세계적인 관리, 말하자면 백신을 찾아내고 생산하고 보급하기 위한 시간으로 2~3년을 필요로 하는 관리 정책이 만일 방임주의 정책으로 바뀌었다면(어떤 국가들에서는 이 방임주의가 계속 유지되고 있다), 사망자 수는 '스페인' 독감은 물론이고 14세기 흑사병 당시 사망자 수에 이를 수 있으리라고 예상될 만큼 지금 우리는 코로나바이러스에 관해 충분히 알고 있다. 디디에 파생은 평소 공공 윤리에 어긋나지 않게 성찰하던 사람이다. 자신의 경솔한 말 때문에 그가 평소에 옹호하던 윤리에 반하게 된 것은 아닌지 걱정이다. 슬프게도, 파생만 그런 것은 아니다.

*

캐나다 기자 데이비드 케일리가 팬데믹에 관해 표명했던 입장이 개인적으로는 엄청나게 실망스러웠다고 앞에서 밝힌 바 있다. [3] 물론 이반 일리치의 마지막 저작이 나온 것은 틀림없이 그의 덕분이었다. 그 책은 두 사람이 정말이지 오랜 시간 나누었던 대화의 결과였다.[6] 이 책은 아마도 일리치가 쓸 수 있었던 가장 훌륭한 책일 것이다. 하지만 우리는 케일리가 그 책에서 얻은 것이 무엇인지 궁금하다. 코로나19에 대한 그의 발언[7]은 조르조 아감벤, 올리비에 레, 혹은 당연히 디디에 파생 같은 이들에게서 발견되는 상투적인 주제들을 모아 놓은 것이다. 특히 '벌거벗은' 생명이 '지고의 가치'가 되고 말 것이라는 잘못

---

6   Ivan Illich et David Cayley, *La corruption du meilleur engendre le pire*, op. cit.

7   David Cayley, "Questions about the current pandemic from the point of view of Ivan Illich", art. cité.

된 생각이 그렇다. 케일리 역시 서기 2000년의 궤변에 두 발을 모으고 빠져들었다.

그러나 케일리는 디디에 파생보다 훨씬 더 급진적으로, 자신의 의도와는 달리 이 궤변에, 그 철학적 토대로 여겨질 만한 것을 덧붙인다. 파생이 격리 조치로 구할 수 있을 인간 생명의 수를 결코 알 수 없으리라고 단언한 것은 경험적인 이유, 그러므로 우발적인 이유에서였다. 반면, 케일리는 이 불가능성을 형이상학적 불가능성으로 만들어버린다. 그는 이렇게 썼다.

> 팬데믹에 맞선 투쟁 전략 가운데 단호히 '우리가 선제 대응을 해야 한다'는 주장이 있었다. 그래야 신규 감염 사례의 지수적인 증가, 환자들을 잔혹하게 선별하지 않을 수 없게 만드는 의료 역량 고갈 같은, 아직 발생하지 않은 일을 예방할 수 있다는 것이었다. 그렇지 않으면 우리가 무엇을 역이용해야 하는지 이해하는 데 성공한다 한들 너무 늦은 일이 될 것이라는 주장이었다. (지나가면서 하는 말이지만 이 생각에 검증 불가능한 무언가가 있음을 강조할 가치가 있다. 우리가 성공을 해서 두려워했던 일이 발생하지 않는다면, 우리가 행동을 취했기 때문에 성공할 수 있었다고 말할 수는 있을 테지만, '실제로 우리가 어디까지 와 있는지에 대해서 우리는

결코 알 수 없을 것이다[8].)

다른 예를 들어보면, 어떤 토목 기사가 자기 사무실에 앉아 수많은 사망 사고가 발생했던 도로의 한 지점의 도면을 수정하겠다고 결심한다 해도, 그렇게 해서 구하게 될 사람들이 누구인지는 끝내 모를 것임은 사실이다. 일어나지 않을 사건들은 지식의 대상이 될 수 없다. 확실히 확률론의 추론을 통해서 최소한 구하게 될 사람의 숫자는 추산할 수 있을 것이다. 그러나 케일리는 이 가능성을 거부한다. 그에게는 지금 일어나고 있고 앞으로 일어날 일만이 존재한다. 그 너머에는 어떤 것도 가능하지 않다.

이 자리에서 할 만한 얘기는 아니지만, 이러한 철학적 입장에도 역사가 있다. 기원전 5세기에서 4세기 사이의 메가라 학파[9] 이래 형이상학의 위대한 체계들은, 일어나지 않았고 일어나지 않을 모든 사건은 불가능하다는 공리를 받아들이느냐 거부하느냐에 따라 두 유형으로 나뉜다. 메가라 학파의 일원인 디

---

8   Art. cit. 필자의 번역과 강조.

9   [역자 주] The Megarian school of philosophy. 소크라테스의 제자였던 메가라의 에우클레이데스를 시조로 하는 철학 학파로, 선善의 유일 불변한 실재성을 주장했다. 기원전 4세기부터 2세기 중반까지 활약했으며, 디오도로스 크로노스 등이 대표적인 인물이다.

오도로스 크로노스Diodorus Cronus[10]는 이 공리가 증명 가능하다고 생각해서 이를 승인했지만, 반면 아리스토텔레스와 그가 제시한 우발적 미래의 이론은 그 공리를 거부했다.[11]

데이비드 케일리를 메가라 학파라는 형이상학의 한 분파에 결부시키는 일은 몰상식하게 보일지도 모르겠다. 그렇지만 어디를 보나 그가 문제의 이 공리를 적용하고 있다고 보아야 한다. 두말할 필요 없이 정당한 일이기는 하나, 그 함의가 무엇인지 살펴봐야 한다. 그렇게 되면 우선 '서기 2000년의 궤변'이 더는 궤변이 아니게 된다.[12] 같은 의미에서, 전면적인 격리 정책이 실행되면 바로 그 순간, 만일 그 정책이 실행되지 않았다면 어떤 일이 벌어졌을지 아는 문제란 이제는 의미가 없어지므로, 격

---

10 [역자 주] 아리스토텔레스는 《해석에 관하여》에서 아직 일어나지 않은 미래에 관한 명제가 참이나 거짓이 될 수 있는지 묻는데, 디오도로스 크로노스는 가능한 것은 필연적인 것과 동일하므로, 미래를 과거를 통해 규정할 수 있고, 이는 언제나 참이라고 주장했다.

11 Jules Vuillemin, 《필연성이냐 우발성이냐. 디오도로스의 아포리아와 철학 체계들 Nécessité ou contingence. L'aporie de Diodore et les systèmes philosophiques》, Paris, Eds. de Minuit, 1984.

12 [역자 주] 모든 과거의 참은 필연적이라는 디오도로스의 논변에 따르면, 2000년 1월 1일에 컴퓨터가 멈춰 서리라고 가정한다면 2000년 1월 1일에 그러한 파국이 일어날 수 있다는 명제는 과거에 언급되었을 때 항상 참이다. 그런데 모든 과거의 참은 필연적이므로 2000년 1월 1일에 파국이 일어나지 않을 수 없게 된다.

리 정책이 옳았는가 틀렸는가의 문제는 완전히 적합성을 상실하게 된다. 이런 식으로 파생과 케일리는 자동적으로 자신들의 생각이 증명되었다고 생각한다.

그러나 이렇게 되면, 미래의 설계에서 모든 예방책은 쓸모없는 것이 되고 만다. 만일 어떤 예방책이 성공하는 경우, 예방해야 했던, 바라지 않던 사건은 일어나지 않고 일어날 리도 없을 것이다. 그러므로 그 사건은 불가능한 것이 되고, 예방책이 성공으로 빛나는 순간조차 예방책은 불필요했음이 드러난다. 케일리는 적어도 이 점에서 일관적이었다. 그는 예방의학 전체 그리고 예방을 위한 모든 노력이 무효라고 선언했으니까. 그리고 그는 이런 노력들이 예방해야 하는 미래의 질병을 현재의 문제로 만들고자 하는 의도를 역생산적으로 만들어버린다고 판단한다. 슬프게도 그는 쥘 로맹Jules Romain[13] 같은 이의 재능이 없었다. 선량한 크노크 박사는 "건강한 모든 사람은 자기도 모르는 환자"라며, "그들의 오류는 질병이라는 벼락이 너무 늦게 깨우는 거짓 안전 속에서 잠을 잔다는 것[14]이라고 말했다. 이반 일리치가 이 점에 동의할지, 나는 확신이 서지 않는다. 일리치

---

13   [역자 주] 1885-1972. 프랑스의 작가. 뒤에 등장하는 3막 희곡 《크노크》의 저자이다.

14   Jules Romains, 《크노크 혹은 의학의 승리 *Knock ou le Triomphe de la médecine*》, 1923.

는 과거 모든 세기의, 평균 수명의 엄청난 연장 가능성을 무능한 치료 의학이 아니라 예방책의 모범인 위생학의 진보에서 찾았다.[15]

이반, 깨어나시길, 당신 제자들이 미쳐버리고 말았으니.

15   일리치가 2002년 12월 2일에 브레멘에서 사망했을 때 그가 작업하고 있었던 마지막 텍스트는 정확히 예방의학을 주제로 한 것이었다. 그는 한 독일 공동 연구자이자 사회사업 전문가였던 실리야 사메르스키Silja Samer- ski와 함께 이 문제를 성찰하고 있었다. 이 논문의 최종판은 그녀가 수정했다. 〈에스프리 Esprit〉는 "위험의 사유 비판"(2010년 8~9월)이라는 제목의 프랑스어 번역을 실었는데 실리야 사메르스키가 주저자가 되었다. 일리치는 정말 이 논문에서 언급된 모든 것을, 특히 다음의 인용문을 공유했을까? 두 사람이 축적한 데이터의 양과 예측하고자 하는 야심을 가진 유전 테스트가 문제가 된다. 이 테스트로는 "그러한 특정인의 '현재' 모습이 어떤지 추론할 수 없다"고들 주장했다. "테스트로 할 수 있는 것은 매우 불안한 가능성들의 폭을 넓히고, 존재하는 것을 존재'할 수 있을' 것 층 아래 묻는(埋) 것이다. 이 데이터의 홍수에서 출발하여 통계학자들은 우선 보험기관과 감염병 학자들이 위험으로 해석한 확률을 계산하고, 그 다음에야 이 확률은 환자들이 평결로 받아들이는 것이다." 이 논문은 통계학의 삶의 '급진적 독점'에 대한 근본적인 비판이 되고자 하면서 가상 혹은 반反실제적인 가능 세계는 실재하지 않는다는 점을 더할 나위 없이 명확히 말하고 있다.

6
—

마스크와
거짓말

마스크와 거짓말

2020년 8월 14일

정치권력이 절대 용서받지 못할 죄를 저질렀다는 사실을 망각하게 만들 방법이란 없다. 물론 정치권력은 국가 경제와 세계 교역을 돌연 중단시켰던 이번 팬데믹이 일어날 가능성을 전혀 예측하지 못했다. 그러나 무엇보다 정치권력은 마스크 착용이 불필요한 예방책이라고 주장하면서 국민을 기만했다. 용서할 수 없는 과오처럼 보이는 사태의 진짜 원인은 마스크의 재고가 남아 있지 않았던 데 있었다. 절대적으로 우선시해야 했지만 숨겼던 과제는 남아 있던 얼마 되지 않는 마스크를 제일선 의료인에게 공급하는 것이었다. 간호인의 건강이 사람들의 건강보다 더 중요했다.

보건 당국 최고위층이 단언했던 말들이 기억난다. 지난 2020년 2월, 보건부 장관은 이렇게 말했다. "진지해집시다. 일반 국민은 마스크 구매를 멈춰야 합니다! 마스크는 코로나19 예방에 아무 도움이 안 됩니다." 며칠 후, 장관의 말을 해명해야 할 임무를 맡은 과학 심의회 회장은 이렇게 말했다. "거리를 걸을 때 마스크를 의무적으로 착용해야 할 이유는 전혀 없어요. 한창 감염병이 도는 가운데 마스크를 착용하면 안심은 되겠지요. 또, 비말 전염을 일부 차단할 수도 있을 겁니다. 하지만 이 방법으로 보호받을 수 있다고는 전혀 확신할 수 없습니다."

권력 기관을 옹호하러 나선 이들은 당시 이 바이러스에 관해 알려진 것이 없다시피했음을 강조했다. 예를 들어, 무증상 확진자들도 감염시킬 수 있고, 이것이 감염병 확산에 중요한 역할을 한다는 사실은 누구도 짐작하지 못했다. 바이러스 검사는 거의 불가능했다. 지금은 마스크가 더는 부족하지 않고, 과거에 마스크가 불필요하다고 말하던 그 의사들이 마스크 착용을 권고하고 있지만, 국민 대부분은 자기 고집대로 행동하고 있다. 대통령과 부통령의 행정부가 앞장서서 수많은 협잡꾼들이 평가한 약을 권했을 뿐 아니라, 반反마스크 운동도 주도했다고 말해야 한다. 그랬으니 첫 번째 물결이 마치 쓰나미처럼 줄곧 거세졌던 현실도 그다지 놀랄 일은 아니다.

지금 막 소개한 장면이 미국 이야기라는 사실을 명확히 밝히지 못했음을 용서해주시길[1]. 물론 고의로 밝히지 않은 것이

---

1   내가 "보건부 장관"이라는 별칭으로 부른 사람은 일반 외과의사 제롬 M. 애덤스Jerome M. Adams로, 트위터에 자기 생각을 밝혔다. 그리고 과학 심의회장이라고 부른 사람은 앤서니 파우치 박사Dr Anthony Fauci로, CBS 방송에서 그렇게 말했다. 필자의 번역.

다. 미국의 상황을 프랑스 상황과 비교하는 일은 몰상식한 일일 것이다. 우리 프랑스 국민은 정부가 입장을 여러 번 바꿔도 용서한다. 특히 마스크 착용에 관한 문제라면 더욱 그렇다. 프랑스 국민은 정치권력이 과학계 권위자들의 권고를 따를 것임을 알고 있기 때문이다. 그들은 과학을 존중하고, 과학은 어떤 복잡한 대상과 마주할 때 (어떤 종교 교리든, 여론의 그릇된 확실성이든) 그 어떤 교의와도 무관하게 오직 가설과 반론을 통해서만 나아감을 알기 때문이다. 그리고 무엇보다 우리 프랑스 국민은 필요한 경우에는 공권력의 실수를 보완할 정도로 이 바이러스며 이 감염병에 관해 충분한 정보를 보유하고 있었다. 그래서 그들은 극히 당연한 상식에 기초한 규칙들을 스스로 지켰다. 예를 들어, 그들은 아마 지나치게 성급했었을 격리 해제가 과거의 무관심한 삶으로 돌아갈 자유를 주는 것을 의미하는 것은 아님을 알고 있었다.

*

"빈정거리는 말은 이제 그만하자." 프랑스에서 일어난 일이나 다른 많은 국가들에서 일어난 일이나 대개 방식은 동일하다. 독보적인 기술력을 갖추었음에도 팬데믹 관리 분야에서는 열등생이었던 미국을 위시해서 말이다. 하지만 프랑스와 미국을 비교해 봐야 하는 다른 이유가 있다. 그것은 코로나 회의론자들이 차지하는 비중이다.

대서양을 사이에 둔 이 두 국가의 회의론자들은 발언 내용의 수준에서 놀랄 정도로 닮았다. 양자 모두 이 감염병이 실재하지 않는다고 우리에게 말하고 있다. 그것은 그저 언어라는 수단을 거친 고안물, 사회적 구성물이라는 것이다. 팬데믹이라는 용어를 쓰지 않았다면 그 위협이 정말 실재한다고 생각이나 했겠는가? 그저 흔하디흔한 전염성 독감으로 봤을 것이다. 그렇다면 사망자들은? 사망자가 많았던 것은 바이러스 탓이 아니라, 바이러스와 전쟁을 벌여 사이토카인cytokine 폭풍[2]이 일어났기 때문이다. 그러니 왜 이렇게 다들 패닉에 빠져 있는 것이며, 왜 또 공황을 조장하고 있단 말인가? 극단적인 상황을 이용하는 국가란 다름 아닌 전제국가이고, 리바이어던의 국가가 아니던가? 이러한 국가가 마스크 착용, 격리, 이동 금지 같은, 자유를 침해하는 조치를 안착시키기 위해 상황을 조작했음은 말할 것도 없다. 그 조치들은 일단 위기가 해결되고 나면 뉴 노멀이 될 것이다. 그리고 이 모든 것이 '생명 권력'을 강화하여 국가

---

2   [역자 주] 바이러스가 외부에서 신체로 침입하면 우리 신체 내부에서는 이에 대항하기 위한 면역작용이 이루어지게 된다. 그런데 이 면역작용이 과도해지면서 정상 세포까지 공격을 받는 일도 생기는데 이를 사이토카인 폭풍이라고 한다. 면역물질인 사이토카인이 과다 분비되는 현상을 가리킨다.

는 가장 근본적인 자유보다 안전에 절대적인 우선권을 부여해서 이를 이용하게 될 것이다. 위험을 감수하는 것은 이제 과거의 가치가 되고 만다. 의학과 과학은 무대 뒤에서 지기들만의 권력을 강화한다. 특히 이 주제를 다루는 진정한 과학이라는 것이 없을 때는 더욱 그러하다.

이러한 비판은 내게는 비합리적이고 부당하게만 보인다. 하지만 내가 정말이지 이해하기 어려운 점은, 공공의 안전을 추구한다는 리바이어던으로서의 의사 국가l'Etat médecin가 노동과 경영의 자유를 제한하는 보건 대책을 부과하는 상황을, 이 비판들은 어떻게 아무런 모순 없이 받아들일 수 있는가 하는 점이다. 국가가 자본주의의 토대를 폭파시키면서 일부러 자기 무덤을 파고 있다고 비난하는 것과 무엇이 다른가? 마르크스가 말하는 자본주의의 운명처럼 생명 권력의 운명도 자기 무덤을 파는 인부가 되었다는 점을 말하고자 함일까? 코로나 회의론자들은 그것이 어떤 운명이든, 우리가 유럽에 있든 미국에 있든, 보건 조치들은 빈곤을 만들어내고, 빈곤은 바이러스보다 더 많은 사람을 죽이게 되므로 자유를 침해한다고 판단한다. [2]

관점이 동일하다고 언어까지 동일한 것은 아니다. 앞에서 이 회의론에 물든 유럽 지식인들처럼 의견을 제시했지만, 그 회의론의 기원이 무엇이고 그것이 추구하는 목적이 무엇인지 나는 모른다. 대개는 모두가 다른 사람들이 말하는 바를 반복하고 있지만, 나는 앞에 제시한 회의론자와 관련된 문장들 하나 하나에 어떤 이름이나 책을 관련지을 수는 있다. 물론 그게 무슨 의미가 있겠는가. 미국 쪽 회의론자들의 인구분포는 눈에 띄게 다르다. 전체든 부분이든 앞에서 열거한 생각들을 이용해 이득을 보는 이들은 예컨대 백인 강성 마초들이다. 그들이 갖춘 교양과 지성의 수준은 어쨌든 세련되기는 하지만, 유럽에 있는 그들의 동지들과 정확히 동일한 수준인 것은 아니다. 이들 유럽인들을 좌파로 분류하기란 어렵다. 보호주의 국가와 좌파가 통한다고 한다면 그중에는 좌파도 있다고 하겠지만 말이다. 미국 쪽 사람들 중에는 민족주의자들도 있고, 근본주의자들도 있고, 또 자유지상주의자들도 있지만, 이들은 극우파 소속이다. 하지만 이들을 유럽 지식인들과 구분해주는 것은 사상이 아니다. 본질적으로 사상은 동일하다. 차이는 확실히 스타일에 있다. 이들은 마스크, 두건, 방탄조끼, 병사용 요대, 검은 전투화를 착용한다. 특히 이들은 무장을 하고 나타난다. 두 번째 수정 조치안이 나오자 이들은 2020년 4월 30일, 전투용 소총을 든 채 랜싱Lansing에 있는 미시건 주 의사당 안에 정식으로 들어갔고 어떤 제지도 받지 않았다. 이 모든 것은 미국 대통령의 사주를 받고 민주당 여성 정치인이 통치하는 어느 주州의 '해방'을 요구하기 위해서였다. 그들은 무엇보다 자유를, 그러니까 바이러스에 감염될 자유와 바이러스를 다른 사람들에게 옮길 자유를 요구했다.

　미국에서는 확실히 이 모든 일이 지식인의 언어보다는 덜 세련된 언어로 나타났다. 이 감염병은 트럼프와 경제를 무너뜨리기 위해 민주당원들이 고안한 엄청난 속임수로, 이들은 숫자로 장난치고 있다. 더욱이 이 숫자들을 자세히 검토해보면, 그 숫자들이 그렇게 불안을 일으킬 정도는 아니라는 점을 깨닫게 된다. 파우치 박사Dr Fauci는 백악관에서 무엇을 했나? 그는 자신의 권력을 더 공고히 하려고 공포를 만들어냈다. 그는 공포를 천천히 주입시킨다. 그러나 그들에 따르면, 필요한 것은 자유이지 공포가 아니다. 죽음은 삶의 일부이며, 예수 그리스도는 우리의 백신이다. 우리 국가는 자유 국가다. 누구도 우리에게 마스크 착용이며 거리 두기며 격리[3]를 강요할 수는 없다. 공산주의를 원한다면 중국으로 가라. 헌법에 보장된 우리의 근본적인 권리는 성스러운 것임에도, 이제 그 권리가 침해되었다. 노동이야말로 자유를 위한 수단인데도 이제 더 이상 노동은 존재하지 않는다.

　내가 코로나바이러스 회의론자 지식인이었다 해도, 이런 말을 하는 이웃이라면 곤혹스러웠을 것이다.

3　영어로는 봉쇄lockdown로, 프랑스어보다 훨씬 더 강한 용어이다. 수형자受刑者를 독방에 격리하는 행위를 연상시키기 때문이다.

슈퍼마켓이나 대중교통에서 남자든 여자든 마스크를 제대로 착용하지 않고 이렇게 외치는 경솔한 사람을 한 명이라도 만난 적이 있을 것이다. "우리는 자유 국가에 산다! 나는 내 하고 싶은 대로 한다!" 본때를 보여주겠다는 사람은 조심해야 한다. 어떤 이들은 목숨도 불사했다. 하지만 대체 어떤 자유가 문제란 말인가? 스스로 알고 있으면서도 몸에 나쁜 일이야 각자 알아서 해도 된다는 점은 수용 가능하다. 예를 들어, 폐암이 호시탐탐 노리고 있음을 알면서도 줄담배를 피울 자유는 있다는 것이다. 그러나 우리는 간접흡연의 위험성을, 그러니까 흡연자의 2차적 연기에 노출되면 위험하다는 점을 알고 있으며, 오늘날 흡연자들은 대체로 흡연 구역과 흡연 금지구역을 엄격히 분리하는 규칙을 기꺼이 지킨다. 더욱이, 자기가 에이즈 확진자임을 알면서도 이 점에 대해 파트너에게 아무 말도 하지 않고 관계를 가지는 사람은 범죄자이며, 그의 범죄는 법으로 처벌된다. 그렇다면 SARS-CoV-2는 어떨까?

마스크 기술력만큼이나 이 바이러스의 특성은 다음의 세 명제를 참으로 만든다.

1. 나는 마스크를 착용한다. 그러므로 나는 너를 보호한다.[4]

2. 너는 마스크를 착용한다. 그러므로 너는 나를 보호한다.

3. 우리는 바이러스 보균자인지 아닌지 모른다.[5]

이 모든 것을 알면서도, 극히 당연한 상식(굳이 지침을 준수하지 않는다 해도 최소한의 판단력만 있으면 충분하다)만 있으면 마스크 착용이 필요하다고 생각할 수 있는 장소에서 마스크를 착용하지 않는 사람은, 흡연 금지구역에서 흡연하는 흡연자나 파트너를 고의로 감염시키는 에이즈 보균자와 도덕적으로 유사한 상황에 있다는 것이 내 생각이다.

이 문제에 접근하는 논리적이고 도덕적인 태도에는 이러한 기이한 면모가 있다. 우리는 다른 사람들을 보호하는 일에 특별한 이해관계를 가지지 않지만, 우리 자신을 보호하는 일이 다른 사람들에게 달려 있으니 말이다. 집단 선택 이론이나 게임

4　집에서 만든 천 마스크는 그 마스크를 착용한 사람은 보호하지 않지만 마주보고 있는 사람들을 보호한다. '외과용'이라고 불리는 마스크는 다른 사람들을 보호하고, 또한 최소한의 정도로 마스크 착용자를 마주보고 있는 사람들에게서 온 비말로부터 보호한다. 그러나 마스크는 분무기에서 나오는 분산과 흡입까지 보호해주지는 못한다. 우리는 지금(2020년 8월) 그것이 바이러스 전파에서 얼마나 중요한지 알고 있다.

5　무증상 보균자는 확진자의 약 40%를 차지한다.

이론으로 인간 존재를 바라보는 합리적인 이기주의자들[6]의 세계에서는 모두가 만족하는 상황은 불가능하다. 모든 사람이 마스크를 쓴다고 상상해보자. 그때는 각자 마스크를 안 쓰는 것이 이익이다. 다른 사람들 모두가 나를 보호해주니 말이다. 그래서 누구도 마스크를 쓰지 않는다.[7] 그토록 멸시를 받긴 했지만 강제 조치도 출구로 난 한가지 길[8]이긴 하다. 그러나 그 조치 역시 거짓말이기는 마찬가지이다. 충분히 많은 시민들이 마스크를 착용하는 것으로 자신들이 보호받을 수 있다고 믿기만 하면 되는 것이다. 그렇게 되면 어쨌든 그들은 다른 사람들을 보호하

---

6   이 패러다임은 사람들을 자기들의 이해관계에만 이끌리는 자동인형처럼 다룬다는 비난을 종종 받는다. 그러나 이것이 정확히 실제로 자기들의 이해관계에만 이끌리는 자동인형처럼 행동하는 개인들의 문제일 때 이 패러다임이 왜 유용한가 하는 이유이다.

7   문제의 패러다임에 사용된 어휘에서 각자는 'free rider(운임을 치르지 않는 지하철의 승객)'이다. 모든 사람이 마스크를 쓰는 상황은 '내시 균형 équilibre de Nash(조현병 때문에 25년 동안 대학 무대에서 사라졌다가 나타나 노벨 경제학상을 수상한 수학자 존 내시의 이름을 딴 것)'이 아니다. 오히려 아무도 마스크를 쓰지 않는 상황이 '지배적인 전략'으로서의 내시 균형이다. 이것의 의미는 다른 사람들이 무얼 하더라도 각자는 마스크를 쓰지 않는 데서 이익을 얻는다는 것이다.

8   2020년 9월 24일의 노트. 보건부 장관 올리비에 베랑Olivier Véran은 이렇게 말했다. "사람들에게 '그들의 뜻과는 무관하게' 자신들을 돌보라고 강요할 수는 없지만, '그들의 뜻과는 무관하게' 다른 사람들을 돌보라고 강요할 수는 있습니다"(필자의 강조).

게 되며 감염재생산지수 R은 1 아래로 떨어지게 된다. 부분적으로는 잘못된 생각[9]이기는 하지만 말이다. 우리가 익히 알고 있듯, 마스크와 거짓말은 사이가 좋다.

---

9 '부분적으로'라고 쓴 이유는 어떤 종류의 마스크는 마스크 착용자를 적당히 보호하기 때문이다. Cf. p. 130 주석 1번. (본 번역 144쪽 각주 4번 참조)

7

노골적인
선별

노골적인 선별

2020년 8월 15일

의료 경제학자와 의사의 대화. 무대는 미국이다.[1] 논의 주제는 코로나19 팬데믹의 시대에 제기되었고 여전히 제기되고 있는 한 문제이기는 하지만, 실은 아주 오래전부터 논의되어왔던 것이다. 우리가 의료 기기와(/혹은) 이를 다루는 인력이 부족한 상황에 대처해야 한다면, 누가 살고 누가 죽을지 결정하는 데 어떤 기준을 따라야 할까? 한마디로 말해, 20세 청년과 50세 장년 중에 누구를 선택해야 할까?

의사는 20세 청년이 50세 장년보다 훨씬 덜 살았다고 주장한다. 앞으로의 삶의 가능성이 인정되어야 한다는 것, 따라서 예후가 양쪽에 거의 동일하다면 우선권을 20세 청년에게 주어야 한다는 것이다.

---

1 이 논쟁은 *New England Journal of Medecine*, 2020년 3월의 기사에서 제기되었다.

의료 경제학자는 최고령자들과 대비해서 젊은이들에게 더 큰 가치를 부여하는 논변은 거북하다고 주장한다. 정말 20세 청년이 50세 장년보다 더 큰 가치를 갖는다고 말할 수 있을까? 그 50세 장년은 청년이 갖지 못한 능력과 경험을 갖췄으니 경제에 더 유용하지 않을까?

이런 식의 논쟁이 나는 혐오스럽다. 여기에 제3의 인물로 의료 윤리 전문가가 개입한다 해도 내 반감은 줄지 않을 것이다. 몰리에르Molière의 희극《부르주아 신사 Bourgeois gentilhomme》의 우습기 그지 없는 장면에 나오는 철학 선생이 그런 사람인데, 그는 다음과 같은 윤리학자의 말에 모든 사람이 동의할 수 있다고 생각한다.

우리의 윤리학자는 추론은 그렇게 하는 것이 아니라고 주장한다. 우리 민주주의 사회에서 생명의 가치는 모두 똑같다. 코로나19라는 현 상황에서 보다 현실적으로 한 젊은 성인과 75세의 노인의 사례를 들어보자. 현재 인공호흡기 수는 충분하지 않다. 누구에게 우선권을 주어야 할까? 받아들일 수 있는 유일한 윤리적 기준은 공리주의 유형이다.[2] 그러므로 구한 생명의 수를 극대화해야, 더 정확히 말하면 구한 생명이 살아갈 해(年)의 수를 극대화해야 한다. 누구를 고려하더라도 각각의 생명, 혹은 생명이 살아갈 각각의 해는 동일한 가치를 갖기 때문이다. 일반적으로 노인은 인공호흡이라는 끔찍한 시련에서 살아남을 기회가 더 적을 가능성이 크고, 어쨌든 노인에게 앞으로 남은 해의 수는 젊은 성인에 비해 분명 더 적을 것이다. 그러므로 일반적인 견지에서 노인들과 병약한 개인들을 치료에서 제외해야 한다. 그들의 가치가 적어서가 아니라, 그들의 희생이 구한 생명의 총량을 극대화하는 데 기여하기 때문이다.[3]

---

2 공리주의는 심리학의 교의가 되기 이전에 윤리적 교의이다. 그 교의의 정언명령은 항상 너의 행위로써 개인의 유용성의 총합과 동일한, 집단의 유용성의 지수를 가능한 크게 만드는 데 기여하라, 와 같이 요약할 수 있다. 엄밀한 의미의 공리주의에서 유용성은 정의상 쾌락과 고통의 대수학적인 합이다. 그러나 우리는 다른 중요성들을 행복과 불행, 혹은 여기서처럼 삶이나, 구했거나 잃은 삶의 나이로 간주할 수 있다. 칸트나 롤스의 의무론처럼 다른 도덕의 교의들이 존재한다. 이후의 내용을 보라.

3 프랑스에서 CNRS의 윤리위원회 멤버인 프레데리크 레슈테르-플라크 Frédérique Leichter-Flack는 동료들의 조롱을 사지 않고도 이렇게 쓸 수 있었던 것 같다. "환자를 선별하는 의사는 누가 살 권리를 가졌고, 누가 갖지 않았는가를 말하기 위해서가 아니라, 가능한 최대의 생명을 살리기 위해 거기 있는 것입니다"(《르 몽드》, 2020년 3월 16일 자). 우리는 항상 초월적인 이상理想의 이름으로 희생자들을 제물로 바친다. 그래야만 그들의 삶의 권리를 빼앗지 않으면서 그들을 죽음에 처하게 만들 수 있다.

영국 경제학자 라이오넬 로빈스Lionel Robbins는 1930년대에 그 자신이 이끌었던 런던 경제학파와 관련된 인물이다. 로빈스의 경제학 정의는 오늘날 경제학 분야에서 여전히 유명한데, 그것은 이러하다. "경제학은 다른 방식으로는 이용될 수 없는 희소한 수단과 목적의 관계로서의 인간 행동을 연구하는 학문이다." 이 정의에는 성장, 부富, 재정 같은 주제는 포함되어 있지 않다. 반대로 희소한 자원들을 절약하고, 신중하게, 심지어 이성적으로 관리하는 일을 말하려는 것이다. 앞서 언급한 의료 경제학자는, 과학을 자부하는 경제학이 범속해지면서 사람들의 건강을 경제를 전력으로 돌리는 데 필요한 수단으로만 바라볼 때 생길 수 있는 최악의 경우가 무엇인지 보여준다. 희소성의 문제에 직면해 있는 공리주의 의료 윤리학을 밑에 깔고 있는 경제적 합리성이란 내게는 불쾌하기만 하다. 하지만 정작 그것은 스스로 이성에 부합한다고 주장한다. 그러나 '그 이성'이 무지한 다른 근거들도 있다.

처음에 나는 그 입장이 히포크라테스 선서의 위반이라고 적었다. 1948년 제네바 선언으로 구체화되고, 2017년 10월에 개정된 히포크라테스 선서는 다음과 같다.

나는 연령, 질병이나 결함, 신앙, 인종, 성, 국적, 정치적 소속, 인종, 성적 지향, 사회적 지위나 모든 다른 요인들을 나의 의무와 내 환자 사이에서 고려하지 않겠습니다.

노골적인 선별

프랑스 의사회가 표명한 본 선언의 2012년 버전에서는 이를 아래처럼 규정한다.

> 나는 모든 사람들과 그들의 독립성과 그들의 의지를 그들이 어떤 신분이나 신념을 갖든 전혀 차별을 두지 않고 존중할 것입니다. 나는 그들이 쇠약해져서 병에 걸리기 쉽고 그들의 온전성이나 존엄성이 위협받는다면 개입하여 그들을 보호할 것입니다. […] 나는 극빈자 그리고 내게 치료를 부탁하는 그 누구라도 치료할 것입니다.

보면 충격 받겠지만 한 통계는, 일반적인 경우 히포크라테스 선서가 비합리적일 뿐만 아니라 심지어 확실히 반反합리적이게 되는 방식으로 의료 행위가 이루어진다는 사실을 보여준다. 프랑스와 같은 상태에 있는 국가들의 경우, 국민 의료 지출의 50~80%가 환자의 생의 마지막 해에 들어간다. 정말 문제 되는 것은 연령이 아니라, 독립 변수로 삼은 생의 마지막 해이다. 삶을 몇 년 더 연장할 목적이었다면 이 마지막 치료로는 본질적으로 성공의 영예를 얻을 수 없고, 그 치료들의 기능이란 임시방편에 불과하며, 무엇보다 그 가치는 상징적일 가능성이 크다. 그들은 이렇게 말하곤 했다—우리는 끝까지 우리의 환자들을 책임집니다. 공리주의적 합리성의 관점으로 볼 때 그러한 치료는 순전한 낭비로 보인다. 아! 우리의 추론가들이 생의 마지막 해를 살고 있는 환자를 마주하고 자신의 생각을 정할 수 있었다면! 그러나 주지하다시피, 드 라 팔리스Monsieur de la Palisse는 죽기 15분 전에 여전히 살아 있었다.[4] 블라디미르 장켈레비치는 모든 자명한 이치들lapalissades 가운데 가장 심오한 것이 그것임에 주목했다. 그는 이렇게 썼다.

> [···] 15분뿐만 아니라, 1초, 10억 분의 1초 전이라도! 그러므로 이 동어반복은 그렇게 보이는 것만큼 동어반복은 아니다. 그것은 존재와 비존재의 혼합이 불합리의 정점일 것이고, 삶과 죽음 사이에 중간은 존재하지 않고, 우리가 설령 삶의 극단에 가까이 간다 해도 우리는 끝까지 여전히 죽음의 이편에 남아 있음을 표현하고 있다.[5]

'벌거벗은 생명'과 '생물학적 생명'[3]을 경시하는 사람들을

---

4 [역자 주] 이 표현은 너무도 당연한 이치를 말할 때 쓰인다. 자크 드 라 팔리스(1470-1525)는 프랑스 귀족이자 장교로 이탈리아 원정에서 공적을 세웠다. 그의 묘비에는 "그가 죽지 않았다면 여전히 부러움을 샀을 것이다 (s'il n'était pas mort, il ferait encore envie)"라고 적혔는데 이 문장이 il serait encore en vie(그는 여전히 살아 있을 것이다)로 잘못 읽히면서 위와 같은 동어반복의 표현이 굳어졌다.

5 Vladimir Jankélévitch, *La Mort*, Paris, Flammarion, coll. Champs, 2017, p. 283-284.

몰아내기 위해 장켈레비치는 이렇게 덧붙인다.

> 이것이 가장 성긴 생명[삶]부터 무에 이르기까지, 최소한의
> 존재부터 무의 존재에 이르기까지, 그 사이에 여전히 심연
> 이 존재하는 이유이다. 그 노인의 호흡이 거의 느껴지지 않
> 게 되고, 그에게 생의 숨결이 거의 느껴지지 않을 때, 우리는
> 보통 이 빈사자가 '간신히à peine' 존재한다고 말한다. 그러나
> 그것은 명백히 은유이다. 부재가 극단적으로 약해진 현전과
> 같은 것이 아닌 것처럼, 죽음은 기진맥진한 삶과 같은 것이
> 아니다. 그것은 저승의 그림자들만큼 흐릿해진 희미함의 한
> 계를 벗어나 있는 것이다.[6]

경제학자로서의 의사들은 더없이 희미하게 꺼져가는 삶
일지라도 죽음의 심연에는 빠뜨리고자 하지는 않는 이런 식의
저항을 '가치' 있게 생각할 정도로 대담해질[7] 수 있을까? [4, 10]
물론 그런 것은 중요하지 않다. 그들은 다 계획이 있으니까 말
이다. 확실히 그들은 자기가 맡은 환자가 언제 죽게 될지 모르
지 않는다. 그런 것은 아무래도 좋다. 치료는 중지될 것이니 말

---

6 *Ibid.*, p. 284.

7 미국에서 병원근무의사들이 흰 의사복 위에 자기들이 취득한 MBA의
마크를 자랑스럽게 드러내는 것을 보는 일은 드물지 않다.

이다. 그들은 그렇게 생의 마지막 해와 경솔한 지출 사이의 거추장스러운 상관관계를 깨뜨린다. 노인은 죽지만, 그에게 큰 비용은 들지 않았다.

*

의료 윤리학은 경제학으로부터 수용한 합리성 때문에 부패해버렸지만, 도덕 철학의 다른 원천으로 돌아설 수는 있을 것이다. 20세기 후반, 공리주의는 전통적인 경쟁 상대인 칸트 의무론의 공격 대상이 되었다. 여기서 핵심적인 저작은 2002년에 사망한 미국 철학자 존 롤스John Rawls의 《정의론 Theory of Justice》이다. 첫 페이지부터 롤스는 자신의 투쟁을 끌고 가게 될 이름인 메타 원리를 말한다.

모든 사회구성원은 정의에 근거한 불가침의 특권을 갖는다. 이때 정의는 사회 전체의 행복이라는 이름으로도 위반될 수 없다. 바로 이러한 이유로, 정의는 어떤 이들의 자유의 상실을 대가로 다른 이들이 더 큰 부를 획득하는 것이 정당화될 수 있음을 단호히 거부한다. 정의는 극소수에게 강요된 희생이 최대 다수가 누리는 이익의 증가로 상쇄될 수 있음을 수용하지 않는다. 이것이 한 정의로운 사회에서 시민평등법과

만인의 자유가 결정적인 것으로 여겨져야 하는 이유이다.[8]

나는 롤스의 이론이 사회의 기본 제도를 다룬다는 점을 인정한다. 이 주제는 의료 접근 가능성과 같은 지역적 분배 정의의 문제를 다분히 넘어선다. 그러나 롤스가 희생을 통한 모든 해결책의 거부를 정당화하기 위해 발전시키는 수많은 논거들은 이 경우에도 유효하다.[9] 롤스가 말한 시민평등법에 생명의 권리를 포함시키고, "자유의 상실"을 "생명의 상실"로 바꿔보자. 그러면 우리는 공리주의적 합리성에 기초한 의료 윤리를 비판하는 방법을 얻게 된다.

그러나 적어도 이 경우 우리는 롤스보다 더 급진적이 될 수 있다. 불평등, 특히 희생자를 선택함으로써 초래된 불평등은 수용할 수 없는 것이다. 좋다. 하지만 불평등의 성격은 가증스러운 것이니 곧장 반대급부로 평등의 가치는 지고하다는 결론을 끌어내야 할까? 불평등처럼 평등도 우리가 비교하는 대상들의 약분 가능성, 그러니까 대체 가능성을 미리 전제한다. 화폐

---

8 Paris, Seuil, 1987, coll. Points, 1997. 원제는 《정의론 *A Theory of Justice*》, 1971, Catherine Audard의 번역.

9 적어도 한 경우에 롤스는 삶의 공리주의적 계산을 명백하게 부도덕하다고 판단한다. 1945년 8월에 히로시마와 나가사키에 원폭을 투하한 미국의 결정이 그것이다. Cf. John Rawls, "50 Years After Hiroshima", 《이견異見 *Dissent*》, 1995년 여름.

가 모든 상품들을 교환 가능하게 만드는 것과 정확히 같은 방식이다. 롤스가 이 약분 가능성에 제동을 걸면서 말하는 인격의 불가침성은 이해할 만한 것이다. 전체의 최대 이익을 얻기 위해 어떤 이들을 희생할 수 있음을 받아들이지 않는다면, 그것은 가치들의 약분 불가능성이라는 이름에서이지, 가치들의 성격이 불평등하기 때문이 아니다. 게다가, 아이러니하게도 공리주의자들은 희생의 합리성을 평등 원칙에서 끌어온다. 희생자들을 포함해서 모든 사회구성원은 집단적 유용성의 계산에서 동등한 비중을 갖는다. 진정으로 인간적인 삶이란 우월하다고 추정된 가치의 이름으로 자기를 희생할 준비가 된 삶이라고 간혹 상당한 악의를 품은 채 주장하기도 하는 모든 이들과는 반대로, 롤스의 의미에서 정의는 초월적이라고 판단된 집단 이익의 이름으로 희생자의 인격의 불가침성이 무시되는 사태를 거부한다. 철학자 모니크 칸토 슈페르베르Monique Canto-Sperber는 롤스의 이러한 거부를 통해 웅변적으로 다음과 같은 결론을 이끌어낸다. 그녀는 이렇게 썼다.

[…] 인간 생명의 가치를 비교할 수 있으리라는 생각은 도덕적인 착오이다. 그때 한 위대한 작곡가, 한 역사가, 경제 활성화에 공헌하는 기업가의 생의 한 해가, 나이가 어떻든 도로 청소부의 생의 해보다 더 값진 것인지 물어야 하기 때문이다. 수익자가 될 사람들의 생명의 추정 가치에 비해 극히

적은 치료 수단을 어떻게 분배해야 할지 고심하는 남자나 여자가 있다고 하자. 그들은 모든 이가 자기 생명의 가치만큼 인정받아야 한다는 정당한 분배 원칙을 가능한 존중하겠다고 주장하지만, 자기 생명의 가치를 전혀 고려하지 않는 환자의 생사를 가르는 결정을 내려야하는 상황에 이내 처하게 될 것이다. 더욱이, 이와 같은 행동 방식은 불가피하게 특권과 차별대우를 확산시킬 가능성이 크다. 가장 부유한 이들이 위와 같은 치료 수단, 생존 수단 분배 방식에서 빠져나가기 위해 온갖 방법을 동원하지 않을 것이라고 생각하는가? 또 그들이 그렇게 행동한다고 누가 불만을 품을 수 있겠는가? 치료 수단의 분배가 흔히들 말하는 생명의 가치를 객관적으로 평가한 결과여야 한다는 생각은, 십중팔구 그 누구도 받아들이기 어려운 도덕적 착오로 귀결된다. 이와 같은 유형의 상황에서 여러 차례 거론된 '세대 간 정의' 개념은 모호한데다가 위험하기까지 하다. 젊은이들을 위해서 노인들이 희생해야 할 의무가 있다고 생각하는 사람들은 그 논리를 끝까지 밀어붙이지 않겠는가? 그때 우리의 '연장자들'로부터 그들의 소유권을 박탈하지 않을 이유란 무엇일까? 그들의 생존 수단과 심지어는 퇴직 연금까지 줄이지 않을 이유란 무엇일까?[10]

생명의 가치는 비교될 수 없다. 비교할 수 없음의 전제는 평등이 아니라 약분 불가능성이다. 그런데 슈페르베르는 여기서 적어도 인격과 삶을 연결하는 주관적인 가치를 고려하는 일이 남아 있다고 생각하는 것 같다. 우리는 여기서 한 걸음 더 나아가, 당연히 확실치 않을 수밖에 없는 계산에 근거해 어떤 이에게 치료받을 기회조차 빼앗는 것과 같은 번복 불가능한 결정을 거부할 수 있을 것이다. 이런 식의 결정을 내릴 수 있는 경우란 오직, 정말로 끔찍한 것이라고 생각할 수밖에는 없는 상황에 의한 것이니 말이다. 이러한 도덕적 태도의 결과는 추정된 생명 가치의 의미와 관련하여 그 무엇도 '중요하지' 않고 그 무엇도 '가치'를 보유하지 않는다는 것이 될 것이다. 생명에 추정 가치를 결부시킨다는 것. 몽블랑 산에 부력浮力이라는 말을 결부시키는 것보다 과연 더 의미 있는 것일까?

---

10 Monique Canto-Sperber, "L'âge pour mourir, au temps de la Covid-19", in Dominique Monneron et Roger-Pol Droit (dir.), 《고령과 의존의 윤리학 Ethique du grand âge et de la dépendance》, Paris, PUF, 2020, p. 245-258.

＊

　그렇다면 어떻게 행동해야 하는 걸까? 미국 언론이 보고한 한가지 사례 연구[11]를 살펴보면 행동 지침을 마련할 수는 없어도 성찰을 진척시킬 수는 있다.

　2012년 10월 28일, 뉴욕 벨뷰 병원에 근무했던 로라 에반스 박사Dr Laura Evans는 도무지 해결이 불가능한 문제를 풀어야 했다. 허리케인 샌디Sandy가 뉴욕을 심각하게 강타한 상황이었다. 그녀가 일하던 중환자실에는 작동하는 플러그가 6개뿐이었다. 그런데 50명의 환자가 긴급히 인공호흡기를 필요로 했다. 에반스 박사의 상급자는 그녀에게 치료할 6명의 환자 리스트를 만들라고 명령했다.

　8년 후, 이 경험으로 자신감을 얻은 에반스는 똑같은 유형의 선택에 대처했다. 그녀의 첫 번째 대응의 의미는 이러한 것이었다. 윤리학의 첫 번째 명령은 사람들을 구분하지 않도록 우리가 최선을 다해야 한다는 것이다. 그 다음 단계에도 여러 규칙들이 필요하지만, 경직된 규칙들은 아니다. 어떤 환자가 치료에서 배제되었다면, 환자 자신이 이해하지 못하는 알고리즘에 따라 배제된 것이 아니고, 게다가 알고리즘을 적용하도록 된

11　Sheri Fink, "The Hardest Questions Doctors May Face : Who Will Be Saved? Who Won't?", *New York Times*, 2020년 5월 21일자.

사람들에 따른 것은 더더욱 아니라는 원칙이 필요하다.[12] 배제 결정을 환자를 담당하는 의사가 아니라, 선별 작업을 담당한 일종의 공무원이 내린다는 것이 중요하다.[13] 선별 기준이 일단 명확해졌다 해도 불확실하기는 마찬가지이다. 살린 생명의 수를 극대화해야 할까, 살린 생명의 해(年)의 수를 극대화해야 할까? 우리는 이 문제가 의미하는 것이 무엇인지 이미 살펴보았다. 그러면 환자에게 기저 질환이 있는지를 검토해야 할까? 그것은 환자를 두 번 죽이는 일일 것이다. 가장 필요로 하는 사람에게 치료를 거부하는 일이 되고, 무엇보다(미국에서 결정적으로 중요한 요인인데) 건강상태가 다른 나머지 집단보다 훨씬 더 나쁜 흑인 구성원들에게 불이익을 주게 된다. 평상시에는 관례적으로 그렇게 했을지라도 가장 부유한 사람들이라고 특별대우를 해서는 안 된다. 그가 설령 후한 기부자였을지라도 마찬가지이

---

12 원칙들로부터 그 원칙의 실행에 이르는 경로의 불투명성이 무인 자동차에 끌어넣어진 윤리학으로 비인간적인 도덕 기계를 만들어낸다. Cf. 알렉세이 그램봄Alxei Grinbaum의 탁월한 책, 《로봇과 악 *Les Robots et le Mal*》, Paris, Desclée de Brouwer, 2019를 참조.

13 그러나 내 강의를 듣는 스탠퍼드의 비미국인 학생들, 즉 유럽인이거나 아시아인일 수 있는 그들에게 실시한 비공식적 여론조사에서 나는 그들이 거의 만장일치로 반대의 선택을 했음을 알았다. "나는 당신의 죽음을 방치한다"는 선고는 환자를 존중하여 치료한 의사에게서 나와야 한다. 토론을 해봤지만 상당히 대조적인 선택에서 나올 수 있을 원리들을 배제할 수는 없었다.

노골적인 선별   159

다. 극단적으로 위급한 상황에서, 생명은 상품이 아니다.

환자 자신에게 의견을 묻고, 추첨하기. 이 두 가지 사항은 고려하기는 어렵지만, 생각해보면 이것이 윤리학에 가장 부합된다고 판단된다. 결국 윤리학을 참조하는 일은 순전히 형식적이었던 것 같다.

2012년 10월에 에반스 박사가 처했던 수습 불능의 상황으로 돌아가 보자. 허리케인 샌디는 닥치는 대로 파괴하고 있었다. 그녀는 어떻게 했을까? 그녀는 리스트를 작성하지 않았다. 그녀의 행동을 이끈 것은 즉흥성과 능수능란함이라는 두 가지 키워드였다. 임시 발전기를 등에 지고 13층을 걸어서 올라가는 자원봉사자를 소집하는 일부터 전기 호흡기를 수동 호흡기로 대체하는 일까지 그녀가 해냈다는 점을 굳이 깊이 살펴볼 필요도 없다. 이런 식으로 에반스는 침상마다 2명의 자원봉사자를 붙여놓아야 했다. 결국 이 이야기의 교훈은 50명의 환자 가운데 몇 명이 생존했는가가 아니라, 환자들 모두 자기가 정성껏 치료받고 있다고 생각했다는 것이다.

복음서에서 말하는 빵의 기적과 같은 기적의 열쇠라는 것도 어쩌면 이러한 즉흥성과 능수능란함이 아닐까. 바로 이와 같은 이유로, 브라질 빈민들은 식탁에 항상 방문자를 맞이해도 될 정도로 충분한 음식을 차려놓는다. 느닷없이, 모르는 친구들을 대동하고 온 방문자라도 맞이할 수 있도록. 희소성이란, 경제학자들의 생각과는 달리, 우리에게 강요된 어떤 주어진 것이 아니다. 그것은 사회적 실천에서 나온 어떤 구축물이다. 케이크의 크기를 결정하는 것은 그것을 나누는 방식이다.

이렇게 쓰고 나니 비슷한 이야기 하나가 생각난다. 죽음의 행정이 삶의 수용으로 대체되었던 이야기이다. 오래 전 나와 브라질인인 내 아내는, 여자 아이를 입양했던 다른 프랑스-브라질 커플의 비밀 이야기를 들은 적이 있다. 그들은 우리에게 자기들은 원칙적으로 그 입양으로 얻을 수 있는 이익 따위는 전혀 중요치 않았다고 설명했다. 다시 말하자면 성별, 피부색, 건강상태, 또릿또릿한 눈빛 등 여러 기준들의 목록에 따라 아기를 선택하는 것 말이다. 중요했던 것은, 난자를 향한 한 정자의 맹목적인 이동이라고 할 출산의 우연과 같은 것이 그들과 한 아이를 맺어줄 과정에 어떤 식으로든 들어가는 것이었다. 나는 바보같이 이렇게 물었다. 뭐요? 복권이라도 긁는 건가요? 당신은 입양 가능한 아이들이 있는 어린이집에 가서 동전 던지기나 주사위 던지기라도 하신 건가요? 나는 아버지가 된 사람이 내게 던졌던 동정 어린 시선을 기억한다. 그는(인식론 학자였다) 이렇게 설명했다. 더 나쁜 것인지도 모르죠. 그 우연은 계산 가능한 것의 질서 속에 있고, 거기에서 확률론이 나옵니다. 우연과, 사물에 대한 인간의 통제는 불가분의 관계에 있지요. 그러나 다른 우연의 형식이 있어요. 그걸 불명확성indétermination이라고 부르는 것이 나을 것 같네요. 인간사의 우연이죠. 우리는 브라질 여러 곳에 통신원들을 두고 우리가 아이를 찾고 있다는 걸 알려두었어요. 어느 날 저녁(우리는 그때 브라질에 있었습니다) 우리는 그들 중 한 명에게서 연락을 받았죠. 그는 우리에게 우리가 있었던 곳에서 500km 떨어진 한 도시의 병원에 아이가 막 버려졌다고 알려왔어요. 그 도시는 산맥으로 막혀 있었고요, 말씀드리고 있는 그 도시에 사는 다른 커플이 그 아이를 입양하는 데 관심을 보였습니다. 그러니까 우리는 그 아이를 보지 않고 입양할지 말지를 바로 결정해야 했어요. 우리는 입양하겠다고 말했고, 지체 없이 출발했습니다. 어떻게 우리가 이 사랑스러운 여자 아이의 부모가 되었는가에 관한 이야기랍니다.[14]

이 상황에서 가장 훌륭한 선택은 선택하지 않는 것이 아닐까?

---

14 이 꼬마 아이가 다 컸다. 오늘 마흔 살이 된 그녀가 내 딸 베아트리스이다.

8

—

'생물학적 생명'
: 위대함과
퇴조

8

'생물학적 생명' : 위대함과 퇴조

2020년 8월 21일

코로나 회의론자 지식인들은 '생물학적 생명'이라는 괴상한 표현을 쓴다. 그들은 이 표현과 이탈리아 철학자 조르조 아감벤의 '벌거벗은 생명'이라는 표현을 교대로 쓴다. 그들이 생각하기에 생물학적 생명이란 생물학자들이 이해하는 방식의 생명을 의미한다. 그 신비한 특징들은 모든 생물, 그러니까 가젤 영양이나 바퀴벌레, 인간의 아이나 떡갈나무나 모두 공통으로 가진 것이다. 그들의 주장에 따르면, 생태주의 운동이나 SARS-CoV-2 바이러스에 맞선 투쟁이 범한 오류는 어떤 진정한 가치를 가지기에는 지나치게 널리 확산해 있는 날것 그대로의 생명이라는 형식을 '우상화하고' 있다는 점이며, 그러면서 인류만이 갖는 우월한 가치들(그 가치들을 위해서 자기 생명을 위시한 생물학적 생명을 희생해야 하는데도)을 희생시킨다는 것이다. [3]

지식인들이 생명과학, 즉 생물학이 오늘날 생명을 이해하는 방식을 오해하고 있다는 것만이 문제는 아니다. 이들이 저지른 오류는 십중팔구 이들 대부분이 과학적 교양을 전혀 갖추고 있지 못하다는 점에서 발원한다. 더 나쁜 것은 이들이 이중의 오류를 범하고 있다는 것이다. 이들은 생명 구성의 복잡성에서 기인하는 생명의 경이로운 아름다움이며, 그 무엇과도 비교할 수 없는 생명의 풍요로움을 보지 못한다. 생명을 특별하게 만드는 것은 생명을 이루는 실체가 아니다. 생명속의 그 무엇도 물리와 화학의 법칙을 벗어나지 않는다. 이들 법칙 이상의 힘을 가정하는 '생기론'은 생명의 기능에 전혀 개입할 수 없다. 이는 지식인들이 생명의 '우상숭배자들'이 그렇게 생각한다고 비판하고 있는 것과는 정반대이다. 그렇다. 모든 차이는 구성의 양상에서 온다. 그리고 바로 이것이 이 지식인들이 범한 극단적으로 심각한 두 번째 오류이다. 이들은 오늘날 생명을 가장 심각하게 위협하는 것이 무엇인지 인지하지 못한다. 설령 그들의 주장이 받아들여져 그 때문에 팬데믹이 악화된다 해도 오늘날 가장 위협이 되는 것은 그들의 주장은 아니다. 심지어 인간이 자연환경을 파괴하는 일조차 마찬가지이다. 그렇다. 극단적으로 아이러니한 일이지만, 오늘날 가장 큰 위협이 되는 것은 '생물학적' 생명의 주적이 되어버린 과학과 기술로서의 생물학 자체이다. 왜냐하면 인간은 자연이 그 앞에 내놓은 것과, 지성 전체는 물론 오만과 정상을 벗어난 태도를 동원하여 경쟁하기로 작정했기 때문이다. 인공 생명 역시 생명인지에 관한 질문이 점점 더 긴급히 제기되고 있지만, 이 질문은 이 지식인들이 제아무리 생명을 '탈신성화'하고자 노력해봐도 결코 제기할 수 없는 것이다.

사태를 더 분명히 이해하려면, 간혹 어렵게 느껴지기도 하겠지만, 과학 철학과 과학사 분야 속으로 잠시 호흡을 멈추고 들어가보지 않을 수 없다.[1]

자기조직화라는
아이디어의 탄생

지금 내가 제시하고자 하는 모델이자 개념으로서의 아이디어들은 1936~1956년에 태동해 발전된 것들이다. 특히 '마시 Massy 회의'로 알려진 10회의 미팅이 사이버네틱스와 인지 과학의 요람이 되었고, 바로 그 시기인 1946~1953년에 20세기의 가장 위대한 정신들이 뉴욕에서(그리고 마지막 회합을 위해 프린스턴에서) 다시 모였다. 최초의 사이버네틱스 학자들의 작업은

---

1 나는 30년 연구 끝에 이른 결론 중 몇 가지를 요약하겠다. Cf. Jean-Pierre Dupuy, *On the Origins of Cognitive Science*, Cambridge (Mass.), The MIT Presse, 2009 ; *The Mechanization of the Mind*, Princeton (NJ), Princeton University Press, 2000 ; *Les savants croient-ils en leurs théories? Une lecture philosophique de l'histoire des sciences cognitives*, Paris, INRA Editions, 2000.

우선은 미국의 여론에, 다음에는 전 세계의 여론에 엄청난 반향을 일으켰다. 오늘날이라면 이 반향을 '미디어적médiatique'이라고 하겠지만, 그 반향이 어느 정도였는지 지금은 상상하기 어렵다. 정신에 관한 물질적인 학문을 구축해보자는 것만이 관건이었다. 그랬던 만큼 이 학문은 생물학에 충격을 주지 않을 수 없었다. 또한 분자생물학이라는 이름을 얻게 될 학문의 맹아가 사이버네틱스 내부에서 형성되었다.

처음부터 복잡성 개념이 가장 중요한 역할을 수행했음이 틀림없다. 헝가리 출신의 위대한 수학자 존 폰 노이만이 이 개념을 들고 왔다. 좋든 나쁘든 오늘의 세계를 가능하게 했던 원자폭탄과 수소폭탄, 정보 이론과 오토마타Automata 이론(그러니까 컴퓨터를 말한다), 게임 이론, 또 이런 것들로부터 전략적 사유, 양자역학 이론과 수학 논리학의 중요한 장章들에 이르는 더없이 중요한 발명들을 얻게 된 것은 바로 폰 노이만 덕분이었다. 폰 노이만이 1948년에 복잡성에 부여한 정의는 수학 철학에서는 '회귀적 정의'라고 부르는데, 복잡화complexification가 가능한 체계는 복잡하다complexe는 것이다. 현재의 모습보다 더 복잡해질 수 있는 것이라면, 그것은 복잡한 것이다. 폰 노이만의 핵심적인 기여는, 이 정의가 라이프니츠가 말한 가능성의 의미에 비추어봐서도 아무런 논리적 모순을 일으키지 않고 복잡계가 가능함을 보여주었다는 데 있다. 물론 복잡도가 높아진다고 필연적으로 의식이 생기는 것은 아니지만, 확실히 자율성과 자기 참조는 생긴다. 스스로 자기를 산출하는 오토마타(살아있는 체계)는 폰 노이만의 생각으로는, 그것이 복잡해야만 이해 가능하다.

무엇보다 폰 노이만은, 당대의 인식론이 토론해왔던 일견 모순적으로 보였던 개념들이 새로운 패러다임 덕분에 화해될 수 있음을 보여주게 된다. 그렇다. 복잡 동역학계système dynamique complexe라는 개념 덕분에 인과론과 목적론을 동시에 포괄하는 것이 가능해진다. 그렇다. 이 개념 덕분에 우연의 의도성이 나타나는 것이 가능해진다. 그렇다. 창발émergence[2]이라는 개념 덕분에 집중(인력의 지점을 향한)과 분산(가능한 것들이 나무 덤불처럼 자라나는 모양)을 화해시킬 수 있다. 그렇다. 자기초월성 모델 덕분에 내재성과 초월성을 함께 생각할 수 있다.

이것이 내가 지금 발전시키고자 하는 내용들이다.

노버트 위너Norbert Wiener[3]가 1948년에 태동하고 있던 운동에 사이버네틱스라는 이름을 붙이기 전에, 마시 회합 참가자들은 '목적론적 메커니즘mécanismes téléologiques'이라는 암호로 서로를 확인했다. 그 시대에 이 표현에 얼마만큼 커다란 추문이

2　[역자 주] 복잡성 과학의 용어. 하위 단계에는 없는 특성이나 행동이 상위 단계에 자발적으로 돌연 출현하는 현상을 일컫는다.

3　[역자 주] 1894-1964. 미국의 수학자로 사이버네틱스의 창시자 중 한 명.

따라붙었을지 지금으로서는 가늠이 되지 않는다. 이 표현은 진정한 모순어법의 폭탄이자 순전히 서로 모순된 용어들이었던 것이다. 과학이 받아들일 수 있을 유일한 설명인 원인에 의한 (기계적인mécanique) 설명과, 과학이 엄격히 추방해버린 목적 *telos*에 의한 설명을 뒤섞어버리는 것처럼 보였으니까. 물론 사이버네틱스 학자들은 이런 혼동을 범하지 않았다. 물론 그들은 과학 분야를 전혀 벗어나지 않았고, 원인을 통한 설명만을 인정했다. '목적론적 메커니즘'이라는 표현의 의미는 어떤 '복잡한' 물질계가 갖는 모방과 시뮬레이션 능력이다. 일상어로 — 객관적인 과학의 태도에 따라 아직 순화되지 못했다 — 목적, 목표, 더욱이 의도나 목적성이라고 불리는 것의 발현을 모방하고 시뮬레이션할 수 있는 능력. 사이버네틱스 학자들은 이 발현 뒤에는 특정 유형의 인과적 구성물만 있을 뿐이며, 발현을 통해 그 구성물이 정확히 드러난다고 확신했다. 이 구성물이 구현된 '하드웨어'가 어떤 것이 됐든 — 특히 관건은 자연물질계냐 인공물질계냐 하는 것이다 — 문제가 되는 인과적 구성물이 목적성 혹은 의도성에 따르는 동일한 결과를 다시 만들어 내게 된다.

여기서 중요하게 이해해야 할 점은, 곧 뒤따랐던 인지 과학과는 대조적으로 최초의 사이버네틱스는 계산의 의미를 만들어낸 것이 아니라, 인과적 물리법칙 수준에서 직접 그 계산의 의미가 솟아나게 했다는 점이다. 세 번째 천년의 벽두라는 시점에 '의미의 물리학physique du sens'이라는 생각에는 엉뚱한 데가 전혀 없다. 20세기 후반 내내 과학과 수학에서 이루어진 일련의 놀라운 발견들은, 역학, 즉 순전히 인과적인 물리법칙을 따르는 물질계의 진전 혹은 궤적에 흥미를 보이는, 과거에 '합리적'이라고 생각되었던 이 역학 분과에 관한 생각을 완전히 뒤바꾸었다. 오늘날 '복잡'하다고 부르는 체계들은 비선형적으로 상호작용하는 무수히 많은 요소들로 구성된 것으로, 갑작스럽게 출현하는 놀라운 속성을 가졌다. 그 속성으로 인해 우리가 영원히 추방했다고 생각했던 갈릴레이-뉴턴 혁명에서 나온 과학 용어들을 사용하여 복잡계를 그려보는 것이 정당해진다. 복잡계들은 '자율성'을 갖추고, 자기조직화하고, 그 궤적은 유인자들誘引子attracteurs을 향하고, '의도성' 혹은 '방향성'을 갖추었다. 마치 아직 일어나지도 않았지만 방향과 추이를 부여해주었던 어떤 목적에 의해 그 궤적이 유도되었기라도 하듯, 아리스토텔레스의 범주들을 빌리자면 순수한 작용인[운동인]이 목적인의 결과를 모방할 때 여러 결과들이 산출되기라도 하듯 말이다.

　이러한 전복에 기여하게 될 물리-수학적 개념들과 이론들은 대단히 많고, 이들은 서로 미묘하게 분절되어 있다. 순서 없이 언급해보면, 파국, 비선형적 동역학계의 유인자들과 그들의 분기分岐, 임계현상[4], 대칭의 균열, 자기조직화와 그것의 임

4　[역자 주] 어떤 물체가 임계점 주위에서 물리량의 변화를 나타내는 현상.

계 상태, 비선형적 열역학, 산일散逸 구조, 무질서계의 물리학, 결정론적인 카오스 등이다. 이 새로운 물리학의 모델들은 형태발생 메커니즘, 즉 출현의 조건에 다시금 영향을 미칠 수 있는 거시적 수준에서의 질적 구조들의 출현을 이해할 수 있게 해준다.[5]

사이버네틱스가 비약적 발전을 한 시기에 내가 방금 언급한 물리-수학 이론은 아직 존재하지 않았거나, 초기 단계에 머물러 있었을 뿐이었다. 그러나 물리와 수학에 탁월한 전문가들이었던 사이버네틱스 학자들은 이미 동역학계의 유인자 개념 같은, 벌써 고전이 된 여러 개념들을 포함하는 개념의 도구 상자는 물론, 사이버네틱스가 창안했거나 어쨌든 상당히 발전시킨 보다 더 혁명적인 개념들로 무장하고 있었다. 피드백, 순환하는 인과관계causalités circulaires, 체계, 복잡성 같은 개념 말이다. 무엇보다 사이버네틱스는 뉴런 망이라는 비교 불가의 사유 도구를 사용한다.

《인지 과학의 기원에 대하여 On the Origins of Cognitive Science》에서 내가 전면에 세웠던 하나의 대결은 노버트 위너와 존 폰 노

---

5   Jean Petitot, Francisco varela, Bernard Pachaoud et Jean-Michel Roy (dir.), *Naturalizing Phenomenology : Issues in Contemporary Phenomenology and Cognitive Science*, Palo Alto, Stanford University Press, 1999.

'생물학적 생명' : 위대함과 퇴조

이만의 대결이었다. 전자는 통제, 제어, 설계라는 주제를, 후자는 복잡성과 자기조직화라는 주제를 구체화했다. 사이버네틱스는 두 패러다임 사이의 긴장과 모순을 해결하는 데 성공하지 못했다. 사이버네틱스가 품었던 야심이나 바랐던 꿈 중 하나, 즉 자율적인 기계의 설계와 제작이라는 꿈에 만족스러운 대답을 내놓지 못한 것이다. 인지작용(로스 애슈비Ross Ashby가 내놓게 되는 유명한 저작의 제목은 《두뇌 설계 Design for a Brain》였다)이나 생명(인공 생명artificiel life이라는 용어는 훨씬 나중에 나온다)을 주제로 시도했어야 할까? 이 지점에서도 역시 생명의 지지자인 존 폰 노이만과, 마시 회합의 주요 조직자이자 인지작용의 지지자였던 워렌 맥컬로치Warren McCulloch 사이의 긴장은 극히 첨예했다. 후자는 회합의 '브레인'으로서 처음에 신경정신의학자로 시작해서 논리학자가 된 사람이다. 그리고 후자가 전자를 압도했다.

그러나 두 흐름이 최초의 사이버네틱스를 이어나가게 된다. 지배적인 하나의 흐름이었던 인지주의는 정보학과 인공지능의 발전에 영향을 받은 반면, 기를 펴지 못했던 또 하나의 흐름은 평범하게 사이버네틱스라는 이름으로 자기조직화 체계들에 관한 이론, 복잡성 이론, 그리고 다른 많은 분과들과 하위 분과들을 발전시키게 된다. 내가 인지 과학에 들어선 것은 이 두 번째 흐름을 통해서였다. 사실 이 흐름은 사회 철학, 경제 철학, 정치 철학과의 상호작용을 극대화했다. 여기서 중추적인 역할을 맡았던 것이 프리드리히 하이에크_{Friedrich Hayek}의 저작이었다. 내가 이 점을 되짚어 보는 이유는, 하이에크의 노벨경제학상 수상을 생각해보면 찰스 다윈이 다윈 이전의 다윈주의, 즉 스코틀랜드 계몽주의자들인 아담 스미스와 특히 아담 퍼거슨 Adam Ferguson에게서 가져온 것, 즉 복잡한 질서는 정신이 그 질서를 생각하고 원하지 않아도 자기조직화할 수 있다는 점에 관한 증명을 상세히 이해할 수 있기 때문이다. 사회적 질서에 관해 퍼거슨은 그 질서가 "인간의 설계가 아니라 행동의 결과"라고 했다.

사이버네틱스와 그 산물로서의 학문들이 앞당긴 대단히 주목할 만한 개념의 진전 하나는 '자연 기계*machine naturelle*'라는 형이상학적 개념의 탄생과 발전이라고 할 수 있다. 내가 지금 제시하고자 하는 주장은, 현재 기술과학의 역동성이 이 개념의 부패와 해체를 양분 삼아 자랐다는 것이다. 이 개념의 윤리적이고 정치적인 영향은 엄청나다.

그 전에 여러 가지 상세한 설명이 필수불가결하다.

데카르트를 읽은 독자라면 이 지점에서 뭔가 시대를 잘못 짚은 것이 아니냐고 의심할지도 모르겠다. 물론 자연과 생명을 기계처럼 다룰 생각을 하기까지 20세기를 기다릴 필요는 없었다. 그러나 다음 두 가지를 혼동해서는 안 된다. 하나는 자연과 생명을 기술자이자 '설계자'가 고안한 인공 기계처럼 취급하지만, 다른 하나는 자연과 생명을 '설계자' 없는 자연적인 기계들로 취급한다. 이 기계들은 설계자 없이도 자기조직화가 가능한 복잡한 역학에 내재하는 목적성을 갖는데, 그것은 내가 앞서 특기했던 개념 덕분이다.

첫 번째 경우, 우리는 목적론에 머무르게 되는데, 조르주 캉길렘Georges Canguilhem은 1946년에 이 점을 다음과 같이 강조했다.

> 그러므로 데카르트는 유기체를 메커니즘으로 대체하면서 생명의 목적론을 지워버렸다고 말할 수 있다. 그러나 데카르트는 이를 겉으로만 지워버렸을 뿐인데, 그가 이 목적론 전체를 출발점에 집중시키기 때문이다. 어떤 해부학적 형태가 역동적인 형성 과정으로 대체되는 것이다. 그러나 그 형태는 기술의 산물이므로, 가능한 모든 목적론은 산출의 기술 속에 갇혀 있다. 사실상 메커니즘과 목적론을 대립시킬 수 없고, 메커니즘과 신인동형론anthropomorphisme 역시 대립시킬 수 없는 것 같다. 어떤 기계의 기능이 순전한 인과성의 관계들로써 '설명된다'면, 그 기계의 구성은 목적성 없이, 인간 없이는 '이해되지' 않으니 말이다. 기계란 어떤 목적을 얻고자, 산출될 결과의 형태를 띠고 인간에 의해서, 인간을 위해

서 만들어진 것이다.[6]

자연 기계라는 개념의 도전은 정확히 말해 어떤 기계에 부여되었을 기계 외적 목적성의 패러다임에서 결정적으로 벗어나는 것이다.

나는 이런 생각을 '형이상학적'인 것으로 규정했다. 이 말을 구체화해야겠다. 여기서 나는 이 말을 인식론자 칼 포퍼Karl Popper가 사용했던 바로 그 의미로 사용했다. 에밀 메이어슨Émile Meyerson[7] 이후 포퍼는 '형이상학적 연구 프로그램'에 근거를 두지 않는 과학도, 테크놀로지도 존재하지 않는다는 점을 가르쳐주었다. 이 프로그램은 검사 가능하지도 않고 경험적으로 반증 가능하지도 않지만, 과학의 진보에 핵심적인 역할을 수행하는 전제들의 합이다. '자연 기계' 개념은 그 어느 때보다 형이상학적 연구 프로그램의 역할을 수행했고, 수행할 예정이었다. 그러나 슬프게도, 그 개념은 변질되고 말았다. 변질되었다는 것은 인공 기계 개념이 은유적 표현이 되어버렸다는 것이다. '이 역사에서 인공 기계는 자연 기계의 은유이지 그 반대는 아니었기 때문이다'. 이것은 분명 분자생물학의 중심적 은유인 게놈

---

6   Georges Canguilhem, "Machine et organisme"(1946-1947), repris in *La Connaissance de la vie*(1952), Paris, Vrin, 2006, p. 143-146.

7   Emile Meyerson, *De l'explication dans les sciences*, Lausanne, Payot, 1921.

이 컴퓨터 프로그램과 같다는 생각이다. 그러나 프로그램에는 반드시 프로그래머concepteur가 있다! 프로그래머가 없는 기계라는 개념을 생각하기란 대단히 어렵다. 하지만 내가 언급했던 개념들로 바로 그것이 가능해진다. 그러나 불행하게도, 그 개념들을 창안하는 데 기여했던 개념들조차 인공 기계 이미지를 이용하는 생기론이나 우회적인 목적론의 형태로 급선회하면서 제일 먼저 그 개념을 배반하게 된다.

황금의 삼각지대 :
예술, 기술, 생명

a) 자연과 기술 : 자연 기계

한가지 중요한 개념 구분을 소개하고자 한다. 신사이버네틱스 이론이 '자기조직화' 개념을 통해 일찌감치 제시한 개념으로, 기술자나 '설계자'를 거치지 않고 창발을 통해 복잡한 질서가 구성될 때 우연이 담당하는 역할과 관련된 것이다. 이것은 형태발생론의 두 원리, '소음으로부터 출발한 질서'와 '소음으로부터 출발한 복잡성', 이 두 원리의 구분이다.[8] 이 두 원리의 형식적 차이를 예시하기 위해, 수학의 기초가 있다면 누구라도 이해할 수 있는 두 가지 실험을 제시해보겠다.

첫 번째 실험은 1937년에 파리에 세워진 이래로 '발견의 전당Palais de la Découverte'[9]을 관람하는 이들이 마음만 먹으면 언제든 할 수 있는 것이다. 등거리 선들의 격자 위에 바늘 하나를 던진다. 바늘의 길이는 이웃하는 두 선 사이의 길이의 절반이다. 이때 두 가지 경우가 가능하다. 바늘은 격자를 구성하는 선들 중 하나에 걸치든가, 걸치지 않는다. 측정자는 매번 걸치는 경우의 비율을 계산한다. 시간이 흐름에 따라 수백만 명이 이 순수한 일에 몰두했다. 문제의 비율은 점진적으로 진폭이 작아지면서 소수 1000자리의 정확도로 알려진 값에 접근했다. 그 값은 이렇게 시작된다. 0.318309886183791… 수렴 값이 Π(파이)의 역逆, 그러니까 원주와 그것의 지름의 비율이 된다. 그렇게

---

8 이 표현들은 신 사이버네틱스 전통에서 만들어져 이용된 것이다. 특히 하인츠 폰 푀르스터Heinz von Foerster, 앙리 아틀란Henri Atlan, 프란시스코 바렐라Francisco Varela가 썼던 표현들이다. 이러한 전통과 초기 사이버네틱스 및 인지 과학 일반에 대한 관계에 관해서는 장 피에르 뒤피의 *The Mechanization of the Mind, op. cit.*를 참조해볼 수 있을 것이다. 정보이론에서 신호의 전달을 방해하는 모든 것을 '소음'이라고 한다. 다음의 사례들에서 소음은 우연의 형식을 취한다.

9 [역자 주] 1937년에 개관한 파리의 과학박물관으로 한국의 국립과천과학관에 해당한다.

해서 우리는 Π 값을 원하는 만큼 매우 정확하게 결정할 수 있다. 동일한 실험이 여러 지구과학 박물관에 재현되어 있는데, 어디에서든 바늘이 가로지르는 경우의 비율은 Π의 역인 동일한 값으로 수렴한다.

이 경험은 탁월한 수학자이기도 했던 저 유명한 프랑스 자연사가의 이름을 따서 '뷔퐁의 바늘'이라는 이름으로 알려져 있다. 이 경험은 '큰 수의 법칙loi des grands nombres'을 확실히 눈부신 방식으로 구체화해간다. 예측 불가능한 어떤 사건의 빈도는 시간의 경과에 따라 '선험적으로' 그것의 확률에 접근하는 경향이 있다. 뷔퐁은 대단히 우아한 방식으로 바늘이 가로지르는 확률이 정확히 Π의 역에 동일하다는 점을 증명할 수 있었다. 우연('소음')은 선행하는 어떤 필요에 봉사한다. 이것이 소음으로부터 질서가 나오는 경우이다.

두 번째 실험은 모방의 형태발생론적 힘le pouvoir morpho-génétique을 잘 보여준다. '폴리야의 단지urne de Pólya[10]'라는 이름의 이 실험은 과학 모델의 놀라운 다양성의 모태가 되었다. 단지 하나에 흰 구슬들과 검은 구슬들이 들어 있다. 흰 구슬 하나를 아무거나 뽑는다. 그리고 그것을 다시 단지에 넣고, 동일한 색의 구슬을 추가한다. 이런 식으로 단지 속의 구슬의 수는 매

---

10 스탠퍼드 대학 수학교수 조지 폴리야George Pólya의 이름에서 따온 것이다. 그는 존 폰 노이만처럼 헝가리 출신으로 노이만의 스승이었다.

번 뽑을 때마다 하나씩 늘어난다. 시간이 흐름에 따라 우리는 흰 구슬이 차지하는 비율의 증가에 흥미를 갖게 된다. 난수 발생기[11]를 장착한 포켓 계산기를 이용해서도 이러한 증가에 관한 모의실험을 쉽게 할 수 있다. 이 실험을 하게 되면 이 체계의 역학이 놀랄 만큼 단순하다는 사실을 알아차리게 된다. 여기에 기억이라는 요인이 포함되면 이 체계는 뷔퐁의 바늘의 경우와 똑같이 작동한다. 진폭은 약해지고, 이내 어떤 값으로 수렴된다. 충분히 오랫동안 이 경험을 실행한다는 조건으로 원하는 만큼 매우 정확하게 그 값을 얻게 된다. 그런데 이 값은 놀랍게도 1/2 이 아니다. 이 놀라움의 이유는 무엇인가? 실험 조건은 완벽히 똑같은데 말이다. 그렇다면 규칙성이 깨지는 원인은 어디에 있을까? 어떤 합리적인 설명으로도 이를 납득시킬 수 없다.

이 모델을 통해 무엇이 가장 단순한 의태 역학une dynamique mimique 형식을 만들어내는지 이해하는 일이 중요하다. 예측 불가능한 각각의 사건(여기서는 어떤 색의 구슬을 뽑는 것)은 문제의 색의 기회를 강화하여 '선험적' 확률을 변형시키면서, 이어지는 뽑기의 조건을 바꾼다. 다음의 우화는 일종의 자기 증강 과정을 설명해준다. 주의가 산만한 두 사람이 확신에 넘치는 발

11　[역자 주] 난수亂數는 정의된 범위 내에서 무작위로 추출된 수數를 말하는데, 정의상 우리는 그 다음에 나올 값을 전혀 확신할 수 없다. 번호 추첨을 하는 것처럼 난수를 발생시키기 위해 설계된 프로그램을 난수발생기라고 부른다.

걸음으로 동일한 장소에 함께 온다. 둘 중 누구도 실제로 문제의 장소를 모르지만, 둘은 상대가 그 장소를 안다고 믿는다. 그러므로 각자는 자기 동료가 간 길을 따라간다. 그 결과 어떤 궤적이 나타나는데, 이 궤적은 어떤 안정성을 확보한다. 확실히 아주 상대적이기는 하다. 왜냐하면 조만간 두 사람은 서로 불신하고 있음을 깨닫게 될 것이기 때문이다.

'폴리야의 단지' 문제로 돌아가보자. 사실 폴리야의 단지와 뷔퐁의 바늘을 구분하는 본질적인 차이가 하나 있다. 매번 실험을 다시 할 때마다 확실히 어떤 값이 출현하지만, 그 값은 매번 다르다. 그 값은 기이한 경험과 긴밀히 관련된다. 역학은 미리 존재하는 하나의 값으로 수렴하고, 그 값에 의해 유도되는 것 같다. 그러나 문제의 값은 경험 자체가 원인이 되어 나중에 발생한 것이다. 우리가 이 기이한 경험에 갇혀버리면 뷔퐁의 바늘을 특징짓는 역학과 의태 역학의 차이를 구분하기란 불가능하다. 즉, 어떤 값으로의 '수렴'이 있지만 외적 관점에서 보면(무한히 많은 다른 가능성들 가운데에서 하나의 가능성의 실현으로서 기이한 경험을 볼 수 있기 위해서는 그 경험 외부로 자신을 투사해야 한다) '분산divergence'이 최대로 나타난다. 수렴값의 '선험적' 확률 분포는 사실 구간 [0. 1]에서 일정하다.[12] 우리는 소음에서

---

12 [역자 주] 흰 구슬을 뽑는 것이 0이고 검은 구술을 뽑는 것이 1이라면 항상 0이나 1의 결과가 나온다는 의미이다.

출발해서 복잡성에 와 있다. 우연에서 어떤 유형의 필연성이 돌출되어 나타난다면, 그때 그 유형은 '경험적으로' 한쪽에서만 필연적이다.

의태 역학과 그것의 접근선적 운동(즉, 시간이 무한을 향할 때)의 관계는 창발된 행동(우리가 '유인자'라고 부르는 것)과 역학 그 자체 사이에서 고리의 형태를 갖는다. 다음 도식과 같다.

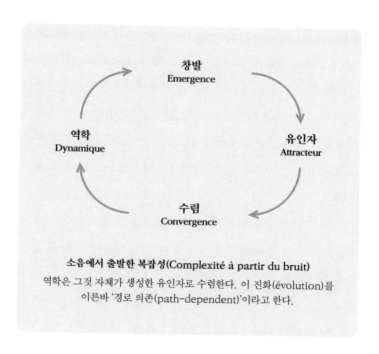

소음에서 출발한 복잡성(Complexité à partir du bruit)
역학은 그것 자체가 생성한 유인자로 수렴한다. 이 진화(évolution)를 이른바 '경로 의존(path-dependent)'이라고 한다.

생물학적인 진화든 문화적인 진화든, 진화론은 소음에서 비롯한 질서를 중심 원리로 구성되는데, 이것으로는 세계의 다양성을 설명할 수 없다. 진화론에서 비롯한 역학은 선재하는 유인자를 향해 이끌린다. 생물학 그리고 더 나쁘게는 사회과학의 신다윈주의는 '적자 생존' 개념과 관련될 때 이에 관한 비판의 화살을 피할 수 없다. 다윈 자신도 이 위험을 알았다. 《종의 기원 *On the Origin of Species*》 초판부터 그는 자연 선택이 진화의 유일한 요인일 수 있다는 생각을 경계했다. 다윈은 이렇게 썼다. "나는 선택이 진화의 중요한 수단이 될 수 있다 해도, 선택만이 진화를 가능하게 한 것은 아니라고 확신한다." 그는 6판 서문에서 이 문제를 때려 부숴야 한다고 믿었고, 미망에서 깨어나 다음과 같이 덧붙였다. "그것[내가 그 점을 주장했던 것]은 아무짝에도 소용없는 것이었다. 잘못된 해석이 발휘하는 힘은 측정 불가능하다."

이 막다른 골목에서 빠져나오려면 소음으로부터 출발한 복잡성이라는 원리와 같은 무언가가 필요하다는 점을 오늘날 우리는 알고 있다.

b) 자연과 예술 : 목적론적 판단 비판

칸트가 자신의 세 번째 《비판》인 《판단력 비판 *Critique of Judgment*》 중 '목적론적 판단 비판'이라는 제목을 달고 있는 2부에서 발전시킨 전략은 최초의 사이버네틱스 학자들이 사용한 '목적론적 메커니즘'에 놀랄 만큼 응축되어 있다. 받아들일 수 있는 유일한 설명은 결국 인과적 메커니즘에 호소하는 것이다. 그러나 자연의 복잡성의 가장 놀라운 현시(칸트에게는 삶, 사이버네틱스 학자들에게는 정신) 앞에서는, 다른 '판단 원칙', 곧 '목적론적 판단'에 도움을 구하지 않을 수 없다. '내적 목적성' 같은 개념들은 새로운 발견에 도움이 되거나 서술적인 타당성만을 가지는 한에서 필수불가결하고 완벽하게 정당한 것이다. 목적론적 판단이란 마치 *als ob* (판단 대상인) 개념들이 목적을 가진 것처럼 판단 내리는 것이다. 사이버네틱스 초기부터, 인지 과학의 역사에서 시뮬레이션이 맡는 역할은 어느 정도는 '가장하기' 전략을 닮았다.

칸트의 세 번째 비판은, 비전문가에게는 아무런 관련이 없어 보일 수 있는 자연의 '자기조직화'라는 아직 설익은 이론과 미적 판단력 비판이라는 두 부분을 결합하고 있는데, 이는 분명 우연이 아니다. 이탈리아 철학자 루이지 파레이손Luigi Par-eyson[13]의 예술 과정 이론만큼 이 관계를 뚜렷이 드러내는 이론도 없다. 창작자가 자기가 만들고자 하는 것을 발견하는 것은 그저 만들면서이다. 한 번 작품이 완성되면 우리는 그 작품이

13　특히 그의 《미학에 대한 대화 *Conversation sur l'esthétique*》, trad. Gilles A. Tiberghien, Paris, Gallimard, 1992를 참조.

다른 것이 될 수 없었음을 이해하게 된다. 이전에는 예측 불가능 상태였던 그 작품이 이후에는 필연적인 것으로 나타난다. 지배적인 것은, 우연도 아니고 미리 존재하는 설계도도 아니다. 창안과 실행은 동시적이다. 작품 제작 과정에서 그것에 고유한 법칙 역시 발견된다. 따라서 예술가는 자신이 만들어낸 어떤 구속을 감내하면서 완전히 자유로운 동시에 완전히 종속되어 있는 셈이다. 형태가 '형성된formée' 것인 동시에 '형성하는 것formante'이 되는 이상한 변증법이다. 시인 폴 발레리Paul Valéry가 《젊은 파르크 *La Jeune Parque*》를 쓰면서 '조화造花의 자연스러운 성장'에 관해 언급한 것도 이러한 의미에서이다.

c) 위험한 은유들 : 살아 있는 기계에서 인공 생명으로

15년간 나는 'NBIC 융합'(나노테크놀로지, 바이오테크놀로지, 정보 테크놀로지, 인지 과학의 융합)의 철학적 토대 그리고 그 윤리적 함의를 성찰하는 데 많은 시간을 들였다. 사이버네틱스에서, 그 다음에는 인지 과학 한가운데에서 내가 찾아냈던 긴장, 모순, 역설, 혼돈의 본질을 나는 NBIC 융합에서 다시 찾아냈다.[14] 그러나 이번에는 훨씬 더 진지했다. 이론이나 세계관이 아니라 자연과 인간에 관한 행동 프로그램이 문제가 되었기 때문이다.

나는 이 행동 프로그램에 은폐된 형이상학에 관해 자문해 봤다. 아주 멀리 찾으러 갈 필요는 없었다. 대답은 이 주제에 할애된 미국 국립 과학 재단의 첫 보고서들 중 하나에 있었는데, 그 보고서의 제목은 '인간 능력 향상을 위한 융합기술Converging Technologies for Improving Human Performance'[15]이었다. 이 보고서

---

14 Jean-Pierre Dupuy, "Somme Pitfalls in the Philosophical Foundaitions of Nanoethics", *Journal of Medecine and Philosophy*, vol. 32, 2007, p. 237-261 ; Jean-Pierre Dupuy, "Complexity and Uncertainty. A Prudential Approach to Nanotechnology", in John Weckert et al. (dir.), *Nanoethics : The Ethical and Social Implications of Nanotechnology*, Hoboken (NJ), John Wiley & Sons, 2007 ; Jean-Pierre Dupuy, "The Double Language of Science, and Why It Is so Difficult to Have a Proper Public Debate About the Nanotechnology Program", préface à Fritz Allhoff et Patrick Lin (eds.), *Nanoethics : Emerging Debates*, Dordrecht, Springer, 2008 ; Jean-Pierre Dupuy et Alexei Grinbaum, "Living With Unvertainty : Toward a Normative Assessment of Nanotechnology", *Techné*, joint issue with Hyle. vol. 8, n°2, 2004, p. 4-25.

15 Mihail C. Roco et William S. Bainbridge, *Conveging Technologies for Improving Human Performance : Nanotechnology, Biotechnology, Information Technology and Cognitive Science*, Washington, National Science Foundation, 2002.

'생물학적 생명' : 위대함과 퇴조

에는 짧은 시 한편이 실려 있었다.

> 인지 과학자들이 그걸 구상할 수 있다면
> 나노 전문가들은 그걸 실현할 수 있고
> 생물학자들은 그걸 구현할 수 있고
> 정보학자들은 그걸 통제할 수 있네[16]

이 노동 분업에서 인지 과학은 지도자·사상가의 역할을 맡는데, 이것은 결코 가볍게 여길 대목이 아니다!

이처럼 NBIC 융합의 형이상학은 인지 과학의 철학적 기획임이 드러났다. 그러므로 이 기획이 형이상학 한가운데에서 발견된다 해도 전혀 놀랄 일은 아니다.

'융합 테크놀로지'에서는 자연과 생명을 대체하고 진화의 엔지니어, 생물학과 자연의 진행의 '설계자'가 되는 일이 중요하다. 출발점은, 생물학적 진화가 현재까지 정도의 차이는 있지만 건성건성 '짜맞춤bricolage'을 통해 실행되었다는 사실에 있었다. 이는 다윈의 교의에 누가 되는 말을 할 수 있으리라고는 누구도 생각하지 않을 과학자들의 말에서 빗나간 논의를 보게되는 전형적인 사례이다.

유신론 철학자와 오늘날의 진화주의자 지식인을 대결시

---

16   *Ibid.*, p. 13 (필자의 번역).

켜보도록 하자.

유신론 철학자들은 자연과 생명의 복잡성을 관찰하면서 그것으로 신의 존재를 추론했다. 설계라는 의심스러운 논변의 방법으로 말이다. 그래서 데이비드 흄David Hume은《자연 종교에 대한 대화 *Dialogues Concerning Natural Religion*》(1776)에서 클레안테스로 하여금 직접 다음과 같이 말하도록 한다.

세상을 둘러보시오. 그리고 세상을 그 전체와 부분들 속에서 바라보시오. 당신은 어떤 기계밖에는 못 볼 것이오. 그리고 그 기계는 무수히 많은 수의 더 작은 기계들로 나뉘고, 더 작은 기계들은 인간의 감각과 지성으로는 그려볼 수 없고, 설명할 수 없을 정도로 작게 다시 나뉘오. 각양각색 모든 기계들과 심지어 그 기계들의 가장 미세한 부분들은 서로 정확히 맞추어져서, 그것을 응시했던 모든 사람들은 황홀하여 감탄이 절로 난다오. 자연 전체에서 방법들이 목적에 적용되는 기이한 방식은, 인간의 손으로 만든 작품들, 인간의 목적, 사유, 지혜, 지성에서 나온 결과물들을 정확히 닮았소. 비록 전자가 후자보다 훨씬 훌륭하지만 말이오. 결과물들이 서로 닮아 있으므로, 우리는 유추 법칙에 따라 원인들 역시 서로 닮았고, 어떻게 보면 조물주는 인간을 닮았다고 추론할 수 있소. 물론 조물주는 자신이 만든 작품의 규모에 비례해본다면 인간보다 훨씬 더 돋보이는 속성을 갖추기는 했지만 말이오.

'경험적으로a posteriori' 이 논변을 통해서, 그리고 오직 이 논변만을 통해서 우리는 신의 존재 그리고 신과 인간의 정신 · 지성의 유사성도 증명하는 것이오.

오늘날 우리는 '설계' 패러다임이 승리했음을 알려주는 가장 훌륭한 증거를 가지고 있다. 역설적이지만, 복잡성에 직면한 오늘날의 진화론 과학자들이 만일 설계도가 실행된 결과였다면 아무 의미도 없었을 너무나 많은 것들이 자연 안에는 존재한다는 결론을 내리면서, 설계론을 뒤엎는 방식으로 얻은 것이다. 어떤 위대한 건축 설계자가 자연과 생명의 상태에 책임이 있다면, 우리는 주저 없이 그에게 도판을 '도안대로à dessin' 즉, 설계대로à dessein 다시 살피라고 해야 할 것이다. 그러나 지금 우리는 비누칠이 되어 미끄러지는 경사면 위에 있다. '설계' 모델은 대단히 함축적이어서(자연 기계, 내재적 목적성, 자기조직화라는 개념들은 이해하기 대단히 어렵다) 이 모델에서는 인공 기계라는 비유가 불가피하게 힘을 되찾는다. 자연은 '불완전'하다고(여기서 자연은 기술에 종속된 과학이, 어떤 목적이나 입장 때문도 아니지만, 불완전하다고 간주하는 무엇이다) 추론하는 대신, [9] 개념이 잘못되었다고 말해야 한다. 인기 스타 기자인 마이클 크라스니Michael Krasny와 진화 생물학자 닐 슈빈Neil Shubin의 대담이 2008년 1월 미국 공영 라디오에서 방송되었는데, 이 점을 훌륭하게 말해주는 방송이었다. 닐 슈빈은 얼마 전 굉장한

책을 한 권 출간했는데, 《내 안의 물고기 *Your Inner fish*》라는 제목의 책이었다. 이 책에서 그는 바다 속에 살았던 선조들이 우리 내부에 잔류시켜 놓았던 것과 인간 해부학이 보여주는 어떤 괴이한 모습을 연관시킨다.

> NS : 우리는 정말 슬기롭게 구상된 것은 아닙니다. 우리는 역사적으로 구상되었습니다. [⋯] 인간 신체를 검토해보면 이상하게 뒤틀어진 굴곡, 둥글게 말려 있는 것, 표변하는 것을 보게 됩니다. 여기에는 어떤 의미도 없어요. 건강한 정신을 가진 사람이라면 누구도 이러한 방식으로 된 신체를 구상하지 않았을 겁니다.
>
> MK : 그 말은 신이 제정신이 아니었다는 말씀인가요?
>
> [웃음]
>
> NS : 물고기들은 완전히 멀쩡한 정신을 가지고 있어요. [⋯] 인간 수컷의 정관精管은 골반 주변에 기이한 모습으로 둥글게 말려 있습니다. 이것이야말로 정말 잘못된 설계인 것이죠!

그 다음 단계는 틀림없이 인간 정신이 자연을 대체해 자신의 창조물을 더 효과적이고 더 지혜롭게 완성할 수 있을지 생각해보는 일이다. 예언자이자 나노테크놀로지의 위대한 발기인이었던 데미언 브로데릭Damien Broderick은 이렇게 묻는다. "인간 정신이 구상한 몇몇 나노 시스템이 '다윈의 방황errance dar-winienne'을 완전히 뛰어넘어 '설계'의 성공을 향해 똑바로 달려 갈 수 있으리라고 생각할 수는 없을까?"[17] 비교 문화 연구의 관점에서 볼 때, 창조론의 모든 흔적(가장 최근의 '지적 설계' 같은 창조론의 변형들도 포함된다)을 공교육에서 추방하기 위해 온 힘을 다해 싸워야 하고, 또 앞으로 그저 조물주 역할을 맡을 뿐인 인간과 함께, '설계'라는 문제제기를 나노테크놀로지 프로그램이라는 간접적인 수단을 통해서 되찾아야 하는 미국 과학계는 그저 놀라울 따름이다.

여기에 기이한 바꿔치기가 있다. 자연과 생명을 재현하면서 자연 기계가 인공 기계로 바뀐 것이다. 그리고 이렇게 묻고 싶은 유혹이 생긴다. '본성'상 인공 기계를 만드는 우리 인간들은 왜 자연보다, 자연이 만든 인공 기계보다 더 잘 만들지 못할까?

여기서 본질적인 문제는 인간과 자연 사이의 의태 경쟁이 아니다. 프랑수아 자콥이 '짜맞춤'에 대해서 말했던 것처럼 '다윈의 방황'이라는 표현에 내재된 경멸의 무게조차 우리는 그저 감탄할 뿐이다. 또한 인간과 자연 중 누가 가장 훌륭한 설계자

---

17 Damien Broderick, *The Spike : How Our Lives Are Being Trans-formed by Rapidly Advancing Technologies* (1997), New York, Forge, 2001, p. 118.

인가라는 엄청난 쟁점 역시 본질적인 문제는 아니다. 그러나 '지적 설계' 패러다임에 대한 과학의 모든 비판들, 그러니까 정확히 자기조직화와 자연 기계라는 개념을 이끌어냈던 비판들은 인간의 설계에 마침 딱 들어맞는다. 정보들은 지나치게 많다. 즉, 자연이 우리에게 제시하는 구조에는 복잡성이 있다. 그리하여 어떤 정신이라도, 설령 신(자연신학의 신을 말하는 것이다)의 정신일지라도 자연의 구조들을 전부 이해할 수는 없었던 것이다. 그렇다면 인류는 신조차 할 수 없다고 판단되는 과업을 실현하기 위해 전력을 다하고 있는 셈이다. 인간의 오만으로부터, 우리를 삼켜버릴 괴물들이 나올 수 있는 것이다.

무에서
생명을 만들어내기

NBIC 융합의 발의자들이 가진 최고의 야심은 정신세계를 이끌어 나가는 데 있지 않다. 나는 그들의 야심이 새로운 인간을, 포스트휴먼으로 이행하는 과도기적 존재를 창조하는 것은 아니라고 믿는다. 어쨌든 인류는 그러한 존재를 만들어내지는 못했다 해도, 언제나 만들고자 했다고는 할 수 있다. 아니, 그들의 궁극적 야심은 '무에서*ex nihilo*' 생명을 만들어내는 것이다. 어쩌면 우리는 생물학적 진화에서 중요한 한 단계가 될 그 순간에 틀림없이 바짝 다가와 있는지도 모른다.

인간이 생명을 만드는 데 성공한다 해도, 그 인공 생명이 생명은 아니리라는 '선험적' 철학 논변이 존재한다. 이 논변은 폴 발레리를 인용하는 조르주 캉길렘의 저작에 등장한다.

인공적이라는 말은 어떤 정해진 목적을 향한다는 것이다. 그리고 그러한 점에서 그 말은 '살아있는vivant'이라는 말과 대립한다. 인공적이냐 인간적이냐 인간적 형체를 하고 있느냐는 그저 살아 있거나, 생체적인 존재와는 구분된다. 명확하고 완성된 목적의 형태로 나타나게 된 모든 것은 인공적인 것이 되며, 그것은 증대하는 의식의 경향이다. 그것은 어떤 대상이나 자발적인 현상을 가능한 가장 정확히 '모방하'는 데 전념할 때의 인간의 노동이기도 하다. 그 자체를 의식하는 사유는 스스로 인공적인 체계를 만든다. '생명이 하나의 목적을 가졌다면, 그것은 더는 생명이 아니다.'[18]

"무엇을 위한 생명"(예를 들어 현 생물계에서 생성된 바 없던 단백질을 만들어내게끔 하여 인간의 필요를 채워주기 위한 생명)은 생명이 아니며, 나노바이오테크놀로지가 꿈꾸는 차원이 이

---

18   Paul Valéry, Cahier B, 1910 ; cité par Georges Canguilhem, "Machine et organisme" (1946-1947), repris in *La connaissance de la vie, op. cit.*, p. 150.

점을 잘 알려준다. 이 차원은 우리가 창조하는 존재가 우리의 통제를 벗어나기를 바라는 일이다. 생명이 그 출현 조건들을 벗어나는 것과 같은 방식이다. 그 결과, 미래의 기술자는 마법사의 제자[19]일 텐데, 그가 부주의하거나 무능력해서가 아니라 설계 때문에 그러할 것이다. 오늘날 진정한 '설계'는 통제가 아니라 통제의 반대이다.

미래의 예언에 일가견이 있는 케빈 켈리Kevin Kelly는 '통제'라는 단어로 이 문제를 훌륭히 요약해냈다. "어떤 기술의 힘은 그것에 내재하는 통제 불가능성과, 근본적으로 새로운 것을 만들어내면서 우리를 놀라게 하는 능력에 비례한다는 점을 이해하기까지는 오랜 시간이 필요했다."[20]

그러니까 하이데거가 완전히 틀렸던 것 같다. 서구 형이상학의 정점은 기술과학에서 데카르트의 꿈('스스로 자연의 주인이자 소유자가 되는 것')을 완성하는 것이 아니다. 그 정점은 통제가 아니라, 우리의 통제를 벗어나는 복잡한 과정들이 작동을 시작하는 시점이다.

2007년부터 야심 차게 시작된 '무에서 생명 만들기making

---

19 [역자 주] 마법사가 부재하는 틈을 타서 마법을 시도했지만 그 마법을 끝내는 주문을 몰라 낭패를 본 제자의 이야기.

20 Kevin Kelly, "Will Spiritual Robots Replace Humanity by 2100?", in *The Technium*, A Book in Progress, 2006, http://www.kk.org/thetechnium/. (필자의 번역).

life from scratch'라는 이름의 시도는 지금은 위험성이라고는 전혀 없는 합성생물학이라는 이름의 과학 분과가 되었다. 이 분야의 세계적인 주요 연구자들은 같은 해 6월에 그린랜드 대학에 모여 전 세계에 '합성생물학과 나노테크놀로지의 융합'을 선언했다. 이 자리는 인공 세포 제조 분야에서 가장 최근에 이루어진 진보의 성과를 공유하는 학술대회였다. 그들의 선언은 1975년, 캘리포니아 해변에 면한 아실로마Asilomar에서 바이오테크놀로지 분야 선구자들이 표명했던 것과 유사하다. 이들 바이오테크놀로지 학자들처럼 합성생물학의 선구자들은 자신들이 곧 성취할 경이로운 공적과 그로부터 생길 수 있을 위험을 강조한다. 그들은 이 위험에 사회가 대비하고 있어야 한다고 권고하며, 자기들 스스로 행동 규칙들을 마련했다.[21] 아실로마에서 고심 끝에 준비된 헌장으로 인해 어떤 일이 일어났는지 우리는 잘 알고 있다. 몇 년 후, 과학이 스스로 제어하려는 시도는 산산조각이 나고 말았다. 테크놀로지의 힘과 시장의 탐욕은 어떤 제약도 받아들일 수 없었다.

"처음으로 신에게 경쟁자가 생겼다." 그에 따라 오타와에 소재한 환경문제 전문 사회단체인 ETC 그룹은 유전자변형 식

---

21   The Ilulissat Statement, Kavli Futures Symposium, "The Merging of Bio and Nano : Towards Cyborg Cells", 2007년 6월 11-15일, Illulissat, Groenland.

물에 반대하는 투쟁을 매우 성공적으로 수행한 후, 반反-나노테크놀로지 투쟁으로 특화했다. ETC 그룹은 메릴랜드 소재 J. 크레이그 벤터 연구소J. Craig Venter Institute가 발표한 기술적 성공 소식을 환영했다. 물론 이는 이 기술을 더 잘 비판하기 위한 것이었다. 이 연구소에 따르면, 그 기술의 궁극적 목적을 합성유기체를 실험실에서 만들어내는 것이었다.[22]

그러나 다음의 문제가 제기된다. 정말로 '생명의 창조'가 문제일까? 이 점에 관해 말하려면 비생명과 생명 사이의 절대적인 차이가, 어떤 임계적 경계가 존재한다고 가정해야 할 것이다. 그 경계를 넘어서는 것은 예언자 예레미야나 유대 전통에서 랍비였던 프라하의 뢰브Löw de Prague를 따라 금기를 위반하게 되는 일일지 모른다. 그들이 감히 '골렘golem' 같은 인공 인간을 창조했으니 말이다. 그런데 과학을 신주 모시듯 하는 어떤 이들은, 합성생물학의 가장 흥미로운 점은 이 학문이 어떤 임계적 경계가 존재하지 않는다는 점을 증명하는 데 있다고 말한다. 이

---

22   바이오테크놀로지 전문가이자 논란을 일으키는 사업가이기도 한 존 크레이그 벤터John Craig Venter는 인간 게놈의 배열을 결정했던 최초의 두 명의 과학자들 중 한 명이었던 점에서 세계적으로 유명하다.

들 가운데 한 명인 과학자 작가인 필립 볼Philip Ball[23]은 창세기 2장 7절의 말을 인용하면서 "지구의 먼지"와 유한한 인간 사이에는 어떤 연속상의 단절도 없으며, 이는 신께서 "생명의 영혼을 불어넣어" 주셨다는 것을 의미하는 것이라고 주장한다. 그는 합성생물학 분야에서 인공 세포 제작이 불가능하다는 점이 드러날지라도, 전前과학적인 생명 개념을 확실히 제거했다는 업적만은 남을 것이었다고 덧붙였다. [3]

바로 이 지점이 나노테크놀로지가 중요한 상징적 역할을 하는 지점이다. 나노테크놀로지의 수준은 종종 그것이 통제하고자 하는 현상들의 단계에 따라 결정되는데, 사실 이 단계란 것의 특징은 대단히 모호하다. 그 단계가 나노미터[24]의 1/10에서 미크론의 1/10에 해당하니 말이다. 그러나 이 단계들의 대역帶域 전체에서 한가지 공통적인 특징은 그대로 남는다. 즉, DNA(혹은 RNA) 분자가 살아있는 생명체라고 말하는 것은 아무 의미도 없는데, 그 분자에 포함된 유전 '메시지'는 오직 세포의 신진대사라는 표현수단을 통해서만 표현 가능하기 때문이

---

23   Philip Ball, "Meanings of "Life"", Editorial, *Nature*, vol. 447, 2007년 6월 28일, p. 1031-1032 참조. 부제는 "합성생물학은 우리에게 뿌리 깊은 생기론을 중화시킬 해독제를 가져다준다(Synthetic Biology Provides a Welcome Antidote to Chronic Vitalisme)"였다.

24   나노미터는 1미터의 10억분의 1이고, 미크론은 1미터의 100만분의 1이다.

다. 바이러스 SARS-CoV-2가 살아 있다고 말하는 것도 아무 의미가 없기는 마찬가지이다. 그 바이러스가 세포에 기생하면서 활동하려면, 이미 거기에는 생명이 필요하다.

거듭 강조하지만, 이처럼 과학은 상반된 두 태도 사이를 오간다. 한편에는 터무니없는 오만이, 간혹 부적절한 허영심이 있다. 다른 한편에는 비판자들의 입을 아예 다물게 하는 것이 필요할 경우, 정상 과학의 '관행businesse as usual'을 벗어나는 어떤 특별한 것을 만든 것은 아니라고 부정하는 허울뿐인 겸손이 있다.

나는 이 가짜 겸손이 염려스럽다. 그러한 겸손이야말로 사실 오만의 정점을 이루기 때문이다. 나는 차라리 자신을 신과 동급으로 여기는 과학과 마주할 때 더 마음 편하다. 인류가 존재한 이래로 인류에게 가장 본질적이었던 하나의 구별, 즉 생명과 생명이 아닌 것 사이의 구별, 혹은 노골적으로 말해 생명과 죽음 사이의 구별을 모든 실질에서 제거하는 과학보다는 말이다.

이해를 돕기 위해 바로 한가지 비유를 사용해보겠다. 둘의 유사관계가 보이는 것보다 더 심오하게 드러날지도 모른다. 자살 공격 형태의 테러리즘이 등장하면서 세계적 규모의 폭력의 양상은 완전히 새롭게 바뀌었다. 전통적인 가해자는 자신의 삶의 형식을 긍정하고 강조하기 위해 피해자를 죽임으로써 삶의 우월성을 표현했다. 그러나 가해자가 피해자의 옷을 걸치고 자기 주변에서 죽임을 당한 자의 수를 극대화하기 위해 자살하게 되면, 모든 차이는 사라지고, 모든 억제책은 불가능해지며, 모든 폭력 통제는 무능해질 수밖에 없다. 마찬가지로, 지금은 과학이 생명이라는 가장 기본적인 변별적 성질을 부정할 준비가 되어 있는 듯하다. 계속 이 길을 따라 걷는다면, 과학은 종국에는 엄청난 폭력을 저지르고 말 것이다.

나노테크놀로지의 가장 극단적인 약속 가운데 하나는 불멸성이다. 생명과 죽음 사이에 차이가 없다고 생각한다면, 사실상 이 약속도 특별한 것은 전혀 아닐 것이다. 한나 아렌트는 다음과 같이 쓰며, 이 악마의 거래가 초래할 결과를 심오하게 예측했다.

> 인간의 사유가 마주칠 수 있는 가장 엄청나면서도 잔혹한 위험은 그것이 뭐가 됐든 현재까지 전혀 알려지지 않았던 어떤 사실이 발견되면서 우리가 언젠가 생각했던 것이 파기되는 일이리라. 예를 들어, 언젠가는 인간이 불멸의 존재가 되는 지점에 이를 수도 있을 것이다. 그렇게 되면 죽음과 죽음의 깊이와 관련해서 예전에 생각했던 모든 것은 한낱 웃음거리가 되고 말 것이다. 죽음의 가치가, 그것이 사라지는 바람에 지나치게 폭등했다고 말할 수도 있을 것이다.[25]

---

25   Hannah Arendt, *Journal de pensée (1950-1973), op. cit.*

오늘날 최첨단 이론 생물학자에게 '생명이란 무엇인가?'라고 묻지 마시라. 그는 어깨를 으쓱하며 당신에게 이렇게 대답할 것이다. "참 우스꽝스러운 질문이군요!" [3] 한 번 더 이 점을 지적해야 한다. 우리네 지식인들은 '생물학적 생명이라는 우상 숭배'를 비난한다. 그들에 따르면, 이 우상화의 책임은 보건 당국과 그 당국의 통제를 받는 정치권력에 있을 것이다. 그리하여 이 지식인들은 영구차에다 총을 쏘면서 자신들의 탄환만 아깝게 낭비하고 있다.

9

태풍의 눈
속에서의
죽음

태풍의 눈 속에서의 죽음

2020년 9월 5일

뛰어난 생물학자들인 여러 친구들의 영향으로, 나는 너무 오랫동안 다음처럼 말하고, 썼고, 심지어는 그렇게 믿지 않을 수 없었다. 죽음은 생명 속에 있고, 죽음은 생명의 한 구성요소이며, 죽음에는 오직 자연적인 것뿐이고, 따라서 죽음을 두려워할 이유란 전혀 없다. 나는 "(믿)지 않을 수 없었다"고 했다. 달리 말하면, 나는 나 자신과는 달리 생각했던 것이다. 팬데믹으로 인해 시간이 정지된 덕분에, 나는 언제나 믿어 왔던 다음과 같은 생각과 화해할 수 있었다. 죽음은 생명을 초월해 있다. 죽음은 근본적으로 생명의 외부에 있다. 생명은 죽음이 코앞에 닥쳤을 때조차 죽음에 이를 수 없다. 그리고 무엇보다 죽음이란 노골적인 이행이거나, 더 정확히 말해, 격렬한 공포를 자극하기만 할 뿐인 심연으로의 뛰어내림이라고 이해할 때, 그런 죽음

은 가증스럽다.[1]

많은 사람들이 '죽으면 어쩌나' 두려워했던 이 기간 동안, 제목은 그저 《죽음 *La Mort*》[2]이지만 무시무시하기가 이를 데 없는 블라디미르 장켈레비치의 책을 다시 읽으며, 나는 엄격하고 무자비한 분석 대신 위안과 지혜의 가르침만을 제공할 뿐인 그런 철학을 벗어나, 결정적으로 치유되었다. [2] 나는 철학은, 그리고 종교는 정확히 그런 철학과는 반대라고 이해한다. 철학과 종교는 아찔한 문제들을 제기하게끔 한다. 우리가 평상시에는 옆으로 치워놓고 싶어 하고, 때가 되어 최상의 상황이 찾아오면 그 문제로 다시 돌아오겠다고 다짐하게 되는 문제들을. 이 문제들은 우리가 아이였을 때 우리를 사로잡았던 문제였다. [1] 우리가 힘겨운 노동의 삶에 지쳐, 은퇴를 하고 세계 여행을 떠나보자는 꿈을 꾸듯 말이다. 하지만 이는 너무 늦은 일이다.

'때가 되면'이라는 말은 정확히 무엇을 의미할까? 죽음을 준비해야겠다는 생각을 하게 될 어떤 순간이 올까? 그 순간은 우리가 은퇴하는 순간일까? 치명률표 상에 우리에게 허락된 날이 5년이나 10년이 남았을 때일까? 장켈레비치는 더할 나위 없

---

1 Jacques Madaule, *Considération de la mort, op. cit.*, p. 104. Vladimir Jankélévitch, *La Mort, op. cit.*, p. 289에서 인용됨.

2 *Op. cit.* 이 책이 나왔을 때 나는 소르본과 라디오에서 죽음에 대한 장켈레비치의 강의를 듣고 있었다.

이 거친 사람이다. 임종의 순간 죽을 준비가 되어 있는 것이 설혹 좋은 일이라 하더라도, 죽음을 준비할 수 있다고 믿는 것은 비합리적이다. 죽는 법을 배우는 것이 가능하고 또 그것이 좋은 일이라는 말을 우리 귀에 속삭이는 지혜의 목소리는 우리를 기만하는 목소리이다. 그 목소리는 우리에게 아장아장 걸음으로 죽음에 이를 때까지 죽음에 접근할 수 있다고 믿게 만든다. 최후의 것, 궁극의 것은 앞에서 말한 것들만큼 진부한 한 발자국일 따름이라고. 바로 이런 식으로 우리는 몽테뉴가 남긴 다음과 같은 격언을 이해할 수 있을 것이다. "매일 죽음을 향해 가고, 마지막 날에 죽음에 이른다."[3] 몽테뉴는 동어반복을 하고 있다. 그러니까 내용 없는 주장을 하는 것이다. 하지만 나는 장켈레비치의 방식으로 이 주장을 완전한 동어반복과는 다른, 동어반복에 준하는 것으로 읽고 싶어진다. 거의 아무것도 아닌 것이나 무언지 모를 것에 의해서 A는 A이라고 말이다. 죽음의 순간과 삶의 모든 순간을 갈라놓는 것은 너무나도 작은 미세함이면서 동시에 무한이다. 장켈레비치는 제목이 내용을 훌륭하게 요약하고 있는 이 책의 한 장에서 이 점을 설명한다. "죽음이라는 사건은 무가 아니라, 거의 아무것도 아닌 무엇이다."[4] 그는 삶에서 죽음으로의 이행은 전혀 아무것이 아니라는 메가라 학파

---

3   *Essai*, I, 19.

4   *La Mort, op. cit.*, p. 284.

mégarique와 엘레아 학파éléatique[5]의 그리스 모델과 대립한다.

그렇지 않다. 그것은 눈 깜짝할 사이의 일조차 아니다. 그것은 절대 무가 아니다. 당신은 아무것도 알아차리지 못할 것이다. 당신은 아무것도 아닌 무언가를 두려워할 수는 없고, 존재하지 않는 것을 염려할 수는 없으며, 전혀 공포스럽지 않은 것을 두려워할 수는 없다. 슬프다! 왜 이러한 안심이 되는 이야기들이 우리를 전혀 설득하지 못할까? 왜 이러한 안심이 되는 이야기들을 우리는 믿지 않는 것일까?

나는 잘 살아가는 법과 잘 죽는 법을 가르치는 철학에서 단한 번도 위안을 느껴 본 적이 없다. 바로 이것이 내가 격리와, 그 뒤에 이어졌던 준-격리로 인해 내게 남겨진 유예의 시간을, 《죽음》의 저자가 우리에게 전하는 복잡하면서도 명민한 글을 여러 번 읽는 데 할애했던 이유이다.

삶이 점진적으로 죽음이 되지 않는 것은, 죽음이 조금씩 삶에서 태어나지 않고 삶에서 무르익는 것이 아닌 것 이상이

---

5   [역자 주] 엘레아 학파는 기원전 6세기 후반에 이탈리아의 엘레아를 중심으로 크세노파네스와 파르메니데스로 대표되는 철학 학파로, 존재의 유일함, 영원불변함을 주장했다.

다. 하지만 죽기는 죽는다! 소크라테스는 결국 죽는 것으로 생을 마감하지 않았는가...

점진적인 소멸이라는 과정, 존재와 비존재 사이의 단호한 교대(존재 먼저, 비존재 나중)가 무감각의 달콤함을 동반한 진정한 안락사라는 죽음을 약속했다.

(이 과정에 따르면) 죽음은 '이전l'Avant'과 '이후l'Après'로 분할될 수 없는 부분이며, 생명의 충만과 치명적인 빔[쏘]의 교차점이다. 하나는 다른 하나가 시작되는 곳에서 끝난다(비존재가 시작한다고 말할 수 있다면 말이다!). 죽음은 삶의 끝이고, 삶의 끝은 비존재의 시작이다. [...] 혹은 이를 믿는 사람들에게는 생존의 시작이다. 그 이상은 전혀 아니다. 그런데 무언가가 빠져 있다! 아무것도 아닌 무엇, 그러므로 거의 아무것도 아닌 무엇, 아무것도 아니고, 전부이고, 동시에 전부이면서 아무것도 아닌, 포착할 수 없는 무언가. 저편의 무와 이편의 전부 사이에서 [...] 거의 아무것도 아닌 것이 여기서 우리를 사로잡고 있지 않은가? 이 거의 아무것도 아닌 것은 순간l'Instant, 즉 이행이라는 사실 자체와 이 이행이라는 사건이다. [...]

(그리스 모델에 따르면) 존재의 중단은 절대적으로 무가 아

니다. 우리는 그것이 거의 아무것도 아닌 것un Presque-rien이
라고 말한다. 그 '거의Presque' 덕분에 세계가 있고, 순간과
무 사이에 무한히 무한한 거리가 존재한다는 것을 이해한
것이다. 사물도 아니고, 아무리 짧더라도(그것은 전혀 지속
되지 않기 때문이다) 간격도 아닌 그 순간은 하지만 무한소
의 간격으로 고려될 수 있다. 중단은 순수한 부정이 아니라,
그 자체로 하나의 사건이다.

[…] 영혼의 힘과 인내가 이 간격 속에서 지속되는 고통을 충
분히 견뎌낼 수 있다면, 용기로써 무로 넘어가는 문턱에서
그 순간의 경계와 반드시 대결하지 않을 수 없다. 인내하기
위한 참을성과 죽기 위한 용기가 필요한 것이다.

"태양도, 죽음도 똑바로 바라볼 수 없"[6]기는 마찬가지이다.
우리는 은유를 통해서만 죽음에 관해 말할 수 있을 뿐이다. 장
켈레비치가 여기서 이해하고자 애쓰는, 무한소의 인접과 무한
한 멀어짐의 일치는 역설적으로 보일지 모른다. 그러나 그 일치
는 수학, 물리학, 정치 철학을 다루는 사유의 여러 분야에서는
매우 널리 알려져 있다. 이들 분야에서 세 가지 사례를 빌려와

---

6 François de La Rochefoucauld, *Réflexions ou sentences et maximes morales*, Paris, 1665, XXVI.

하나씩 생각해보겠다.

정사각형의 대각선,
그 접근 불가능한 초월

정사각형 하나를 머릿속에 그려보고, 그 한 변의 길이 1을 거리 단위로 삼아보라. 당신은 북서쪽(NW) 꼭대기에 있는데 남동쪽(SE) 꼭대기로 가고 싶다. 가장 짧은 길은 NW와 SE를 연결하는 직선 선분, 즉 대각선이다. 피타고라스 정리에 따르면, 그 길이는 2의 제곱근이므로 '무리수無理數'일 수밖에 없다. 분수의 형태로 표현될 수 없다는 의미에서 말이다. 소수로 써보려면 그 뒤에 다음과 같은 무한한 수가 필요하다. 1.414213562373…

당신이 대각선으로 이동할 수 없다고 가정해보자. 당신은 수직과 수평으로만 이동할 수 있다. 이 구속 때문에 당신은 상당한 거리를 우회할 수밖에 없다. 첫 번째 가능성은 당신이 동쪽을 향해 NW에서 북동쪽(NE) 꼭대기로 갔다가, 남쪽을 향해 SE로 가는 것이다. 당신은 1+1=2에 해당하는 거리를 가게 될 것이다. 이 거리는 대각선 길이에 1/2를 더한 것보다 더 길다. 당신의 생각으로는 당신이 대각선에 접근하게 된다면 분명 더 잘할 수 있을 것 같다. 당신은 NW에서 NE로 가다가 정확히 중간에 멈추고, 거기서부터 대각선을 만날 때까지 남쪽으로 내려간다. 그 다음에 당신은 다시 동쪽을 향하고 동쪽 변에 이르렀을 때 당신의 종착지인 SE로 내려간다. 그렇게 당신은 각각 1/2의 길이의 네 선분의 거리를 가게 되는데 이 전체 길이는 2이다. 당신은 전혀 진전을 이루지 못했다! 화가 난 당신은 동일한 방식으로 앞의 선분들 하나하나를 둘로 자른다. 당신의 경로는 계단 모양이 되면서 대각선에 가까워질 것이다. 확실히 계단의 각각의 높이와 너비는 이제 1/4이 되었다. 그러나 당신에게는 계단이 여덟 개가 있으니, 전부 합해서 여전히 2만큼의 거리를 가게 된다.

당신은 놀라운 진실을 이해하기 시작한다. 당신이 원하는 만큼 작은 계단을 취하면서 당신은 대각선에 무한히 접근하게 된다. 그러나 당신의 계단의 전체 길이는 요지부동으로 2와 같다. 당신은 바라던 거리인 2의 제곱근을 얻지 못하고, 그 거리에 영원히 도달할 수 없다.

이 내용의 진실은 사소해 보일지도 모른다. 그러나 이를 실감한다는 것은 연속주의continuiste적인 생각에서 보면 실로 놀라운 일이다. 당신의 계단들이 대각선에 '가까워지'고, 계단들은 당신이 거의 원하는 만큼 대각선을 긋고 있는데, 계단들의 길이는 고집스럽게 2에 고정되어 대각선 길이에 가까워지지 않

는다. 한계의 길이는 길이의 한계가 아니다.[7]

이를 수 없는 대각선이란 분명 하나의 은유이다. 우리는 거의 어디에서나 대각선에 닿을 만큼 접근할 수 있고, 원하는 만큼 바짝 다가갈 수 있는데, 그렇다 해도 우리는 결코 대각선의 본질적인 속성, 즉 가장 짧은 길이라는 속성만은 얻지 못한다. 계단과 대각선의 접점들의 수는 당신이 정하는 만큼 천문학적으로 커질 수 있다 해도 항상 유한할 것이고, 이것은 불가피하다. 대각선에 딱 맞게 접근할 수는 없다. 이미 대각선에 이르렀거나 어쩔 수 없이 거리를 유지하거나 둘 중 하나이다.

수학자들은 여기서 무한한 불연속에 관해 말한다. 1, 2, 3…같은 잠재적인 무한과 '실제의' 무한(이미 실현되었고, 이미 완성되었다는 뜻이다) 사이에는 심연이 있다.[8]

7　[역자 주] 한계의 길이란 무한소에 이르는 짧은 계단들의 길이인데, 이론상으로는 더 짧은 계단이 가능하므로 아무리 짧은 길이라도 그 길이에는 한계가 없다는 의미.

8　여전히 예민한 기억을 꺼내는 것을 용서해주시기 바란다. 1960년 여름에 나는 고등사범학교 수학과 입학을 위한 구두시험을 치렀다. 내게 질문이 던져졌고, 이렇게 말할 수 있다면 그 시대의 가장 위대한 분석 기하학자 한 명이 내게 고문을 가했다. 나는 그때까지 그 주제를 전혀 모르고 있었는데, 거의 어디에서나 미분 불가능한 연속된 기능의 범주의 속성에 대한 문제로, '계단으로 된 곡선'이라는 이름으로 대단히 잘 알려진 것이었다. 이 때문에 나는 정사각형의 대각선이라는 역설에 익숙해졌다. 어쩌면 나는 내게 질문을 한 심사관에게 대항을 했기에 입학이 허가된 것인지도 모르겠다. 내가 저지른 실수는 수학과에 들어가지 않겠다는 선택을 했던 것이다.

순수한 물리법칙만 적용되는 세계에서
생명은 출현할 수 없을지도 모른다

이번에는 물질 세계, 그러니까 물리적 세계를 잠깐 넘보는 우회를 계속해보자. 물질 세계에서 무한한 불연속은 드물지 않다. 그리고 이것은 거의 규칙이나 다름 없다.

대기압이 작용하는 해수면에서 물은 100도에서 끓는다. 이것은 자연의 법칙이다. 원하는 양만큼 냄비에 물을 붓고 끓이는 실험을 반복할 수 있지만, 물은 항상 100도에서 끓기 시작한다. 대기압이 더 낮은 몽블랑 정상에서는 확실히 물이 끓는점은 약간 낮다. 그러나 비등沸騰이 시작되는 온도와 대기압 사이의 관계는 그 자체가 자연의 법칙이다.

비등이란 무엇인가? 물리학자들은 이를 상전이相轉移라고 부른다. 물질이 비등하면서 갑자기 상태가 변하는데, 이 경우에는 액체 상태에서 기체 상태로 바뀌게 된다. 이 근본적인 불연속(수학자들은 이를 '카타스트로피'라고 부른다)이 일어날 때, 액체와 용기(냄비)에 포함되어 있던 불순물들 바로 옆에서 기포가 형성된다. 애초에 물질의 미세한 파동에 불과했던 기포가 수면으로 올라와, 기포가 꽉 누르고 있는 수증기와 주변 공기를 뒤섞는다. 그런 이상적인 경우는 절대 일어날 수 없지만 불순물이 전혀 없었다면 어떤 일이 벌어질까? 어느 지점에서 기화의 과정이 시작되는지 '알 수' 없을 것이고, 비등도 시작되지 않을 것이다. 물리적 세계가 자연의 법칙이라 불리는 이러한 운명의 형식을 정확히 따른다면, 그것은 (오! 역설이여!) 운명의 반대처럼 제시되는 사고, 불순, 불완전 같은 것들의 개입에 의한 것이다. 물리적 세계의 '완전한' 상태는 불완전성이 0에 접근하면서 불완전한 상태가 한계에 가까워지는 것과는 다르다.

　　우리의 일상 세계가, 무중력 상태의 우주 캡슐의 내부에서 보게 되는 것과는 달리, 우리가 아는 그대로인 것은 중력 덕분이다. 네발짐승과 우리 같은 두발짐승이 바로 서고, 물건들이 테이블 위에 머물고, 건물은 하늘을 향해 서는 것은 그 무게 덕분이다. 여기서 이 모든 단단한 물체들이 무한한 탄성을, 그러니까 동일한 상태로 되돌아오는 힘을 가지고, 아래로 떨어져 땅에 닿을 때 어떤 마찰로도 그 운동cinétique 에너지가 사라지지 않는다고 가정해보자. 물체들은 자기가 떨어진 곳에서 떨어지기 이전의 높이까지 튀어 올랐다가, 다시 떨어질 것이고 이렇게 무한히 계속할 것이다. 우리를 포함한 세상을 구성하는 모든 고체들이 완전히 우연적으로 점한 최초의 자리들을 오가는 진폭을 갖는 운동은 수직 진자 운동뿐이다. 이러한 세계에서 우리가 어디에 있는지 갈피를 잡는 일은 불가능할 것이다. 임의적인 사실들에 대한 기억은 무한히 보존될 것이기 때문이다. 이 세계에는, 역학 체계 이론의 은어를 사용해 보자면, 출발점이 어디였든 궤적이 수렴되는 안정된 상태로서의 '유인자들'은 없을 것이다. [8] 일상 세계에서 수직의 추가 결국 정지하고, 공이 더는 구르지 않고, 우리가 다양한 높이로 다시 뛰어오르게 될 걱정 없이 땅에 발을 디디고 서 있을 수 있다는 것은 다행한 일이다. 안 그랬다면 서로 대화하거나 포옹할 때 거북하지 않겠는가.

하지만 이러한 일을 가능하게 해주는 것은 (정확히 말해) 중력이 아니다. 어떤 의미에서 그것은 중력과는 반대인 것, 둥글게 원을 그리며 튀어 오르지 못하게 하는 것, 즉 마찰이다. 그러니까 유인자가 없는 세계와, 아무리 약할지라도 마찰이 존재하는 세계 사이에서는 다시 심연이, 근본적인 불연속이 나타난다.

태풍의 눈
혹은 비극적인 유토피아

사회나 정치의 많은 유토피아들은 정사각형의 대각선과 같다. 실현될 수 있었다면 벌써 실현되었어야 하는 것들이다. 계속 이어지는 길만 걸어서는 결코 유토피아에 접근할 수 없다. 장 자크 루소가 이 점을 깨달았다는 점을 인정해야 한다. 루소는 《사회계약론》에서 자신이 그린 올바른 사회에 대해 이렇게 썼다. "결과가 원인이 될 수 있어야 한다. 제도의 결과인 사회정신이 제도 자체를 앞장서서 이끌어야 한다. 인간은 법이 있기 이전에, 법을 통해 변해야 하는 식으로, 변해 있어야 한다"(《사회계약론》, 2부 7장).

이처럼 이 무한한 불연속의 형상은 수학과 물리학뿐만 아니라, 다른 세계가 가능함을 확신토록 하는 많은 이론적 구성물에도 공통된 것이다. 이 다른 세계에 이르는 길은, 불행하게도이 이론들이 권하는 방법에 따르면, 그곳과 멀리 떨어지지 않으려고 조심하면서 두 발을 모아 그 속으로 직접 뛰어드는 방법뿐이다.

인간의 문제에 관해서라면 알파와 오메가는 더없이 자주일치한다. 약속된 유토피아는 전제된 기원을 다양한 수단을 통해 재생산한다. 아마도 단 한 번도 존재한 적 없었지만, 정해지지 않은, 미래에 존재할 수도 있을 황금시대 같은 것 말이다. 이것은 분명히 루소의 경우이다. 그는 실낙원에서 그리스도의대속에 이르는 성경 모델을 따른다. 그러면서 인간이 '이기심amour-propre'이라는 근본악을 몰랐던 '최초의 자연 상태'라는 가설적인 상태의 본질적 속성을 사회계약이라는 인위적인 방식을 통해 찾는 것이다.

여기서 정사각형의 대각선이 부각하는 다른 은유는 태풍의 눈이라는 은유이다. 태풍을 그림으로 시각화하면 그 모습은자신의 중심을 둥글게 감싸는 나선형이다.[9] 이 중심, 앞에서 말

---

9 나는 점근선漸近線의 점을 갖는 나선의 경우를 대수代數 나선과 쌍곡선의 나선으로 간주한다. 아르키메데스의 나선(중심으로부터의 거리가 회전각에 비례하여 커지는 소용돌이와 같은 곡선 - 옮긴이)은 그것의 기원이 되는 중심에서 '출발'한다.

한 '눈'은 나선형의 어느 쪽을 선택하느냐에 따라 이 나선형의 알파 또는 오메가로 보일 수 있다. 수학적인 의미로 그것은 형상의 '특이성'이라고 하겠는데, 자기 외부에 머물면서 그 형상을 조직하기 때문이다. 나선은 설령 중심에 무한히 가까이 간다고 해도 그 중심에 이르지는 못한다. 이 정태적 형상에 역학을 도입해보자. 눈은 완전한 휴식 속에 있다.[10] 그러나 나선이 그리는 소용돌이의 선을 따라 태풍의 눈에 접근할수록 우리는 더욱 강렬하게 돌지만, 어떤 경우에도 태풍의 눈을 만나기란 더욱 불가능해 보인다. 태풍의 눈에 성공적으로 닿으려면 이미 그 안에 놓였거나 나선의 평면에서 직각의 길을 통해 그곳에 들어서야 할 것이다. 하지만 목표점을 놓치지 않도록 주의하자. 바라던 평화 가까이에, 그것도 아주 가까이에 그보다 더 강할 수 없는 세찬 바람이 불고 있다.

　　루소의 정치적 유토피아의 요체는 '일반의지'라는, 점차 희미해지는 개념이다. 사회계약을 통해 조직된 올바른 사회에서, 그 사회와 개별의지들의 관계는 자기애와 이기심의 관계와 같

10　태풍의 눈의 은유는 점점 더 자주 반대의 의미로 사용된다. 사람들은 그 눈이 소용돌이의 강렬함이 가장 큰 곳으로 본다. 그것은 연속주의적 continuiste 사유가 저항할 수 없다시피 하는 기호이다. 직관은 불연속성을 싫어하고, 특히 그것이 기원이나 무한에 있을 때 그렇다.

다. 이 두 개념은 설령 언어적인 것일 뿐일지라도[11] 무한히 가깝지만 루소에게는 서로 반대이다. 자기애는 각 개인을 그 자신에게 가두고, 이때 각자는 자기 자신에게 '자기를 관찰하는 유일한 관객'이다. 반대로 이기심은 우리를 타인의 시선 아래 둔다. 우리는 우리 자신을 타인의 눈을 통해 바라본다. 우리는 끊임없이 '비교'에 사로잡힌다. 그런데 루소는 우리에게 이렇게 말한다. "사람들이 […] 자기들과 같은 사람들에게 눈길을 던지기 시작할 때 […] 그들의 이해관계는 서로 교차하고 […] 자기애가 발효하면 이기심이 됩니다."[12] 사회에서 타인의 시선과 마주치지 않는 일이란 극난하므로 자기애가 실로 불안정한 감정이라는 사실을 어떻게 이보다 더 잘 말할 수 있겠는가? 자기애와 이기심 사이의 거리가 극히 가까운 것은 자기애는 항상 이기심으로 옮겨가기 때문이다. 그 거리로 인해 선과 악이 구분되므로, 결

---

11   제아무리 곡예에 가까운 기술을 부려봤자 루소를 영어로 번역하기란 불가능하다. 자기애와 이기심은 모두 self-love로 옮길 수밖에 없다. 나는 여러 글에서 아담 스미스와 루소의 대단히 얻는 것이 많은 비교에 매달린 적이 있는데 영어로는 이 비교가 참 어려울 수 있다. Jean-Pierre Dupuy, 《사회 과학 입문 *Introductions aux sciences sociales*》, Paris, Ellipses, 1992 ; "《도덕감정론》의 부당한 동감", The Adam Smith Riview, vol. II, 2006, p. 96-121.

12   《파리 대주교 크리스토프 드 보몽에게 보내는 편지》, 1763년 3월, 암스테르담.

과를 놓고 볼 때 둘의 거리가 최대라고 해도 말이다.[13] 일반의지와 개별의지들이라는 주제의 경우도 같은 분석을 적용할 수 있을 것이다.[14]

사회에서 이기심이라는 악의 현전에 루소가 제공하는 해답은 정치적 백질白質 절제 수술이다. 인간을 시민으로 바꾸고, 악을 척출剔出[완전히 제거하는 것이다. 문자 그대로 전체주의적 해법인데, 루소는 생애 말년에 이것이 실행 불가능하다고 보았고, 그보다는 리바이어던의 폭정이 낫다고 했다.[15]

---

13   뤼시앵 스쿠블라Lucien Scubla의 멋진 글을 참조. Lucien Scula, "Est-il possible de mettre la moi au-dessus de l'homme? Sur la philosophie politique de Jean-Jacques Rousseau", in Jean-Pierre Dupuy, *Introduction aux sciences sociales, op. cit.*

14   사회, 도덕, 정치 이론들의 핵심을 다시 읽어본다면, 존재할 수 있는 체계란 눈 주위의 태풍처럼 그 체계를 벗어나는 기이함 주변을 도는 것밖에 없을 것 같다. 사회 철학, 도덕 철학, 정치 철학 분야의 내 연구의 상당 부분을 다음의 형상들에 대한 해체로 제시하면서 요약할 수 있다. 그것들은 완벽하게 정직하기에는 역설적으로 지나치게 완벽한 것으로서, 홉스의 권력, 프로이트의 군중의 리더, 마르크스의 돈, 루소의 민주주의, 롤스의 정의, 계급 없는 공산주의 사회, 발라의 경제적 균형, 핵의 평화, 일리치나 카스토리아디스의 자율성, 복음서에서 약속된 왕국 같은 것이다. 이들은 그만큼의 사각형의 대각선이거나 태풍의 눈들이다. 우리는 여기에 단지 양자적인 도약을 통해서만, 심연 속으로의 잠수로 보일 수 있는 희망으로의 잠수를 통해서만 이를 수 있다.

15   미라보 후작에게 보내는 편지 Lettre au Marquis de Mirabeau, 1767년 7월 26일.

극단적인
사랑

죽음이라는 영원한 휴식과는 정반대인 삶의 소용돌이. 이
둘은 무한히 멀어지면서 무한히 가까워진다. 이 두 무한은 잠재
적인 것과 현실적인 것이 그렇듯 분리되어 있다.

존재는 비존재와 무한히 가깝더라도 그것에 접근할 수 없
다. 존재는 이러한 의미의 근접함이다.

바그너의 오페라에서 서곡의 '트리스탄 코드'부터 이졸데
의 죽음이 등장하기 전에는 결코 나타나지 않는 불협화음의 해
소까지는 4시간을 기다려야 한다. 이 불협화음이 계속 이어지
면서 견딜 수 없는 긴박함이 불가능한 사랑의 비극성을 동반한
다. 마지막 화음은 죽음, 그러니까 사랑의 죽음*Liebestod*의 영원
한 밤 속에 사랑의 완성을 영원히 봉인하는 완전 화음이다.

그러나 사랑, 정념, 고통, 배신, 선망, 질투의 내적 일부를
이루는, 이 모든 것으로부터 순화된 이 사랑은, 루소가 말한 민
주주의가 민주주의가 아닌 것 이상으로 사랑이 아니다. 삶은 그
것의 불완전성이 완전히 사라질 때 불완전한 삶이 아니다. 그것
은 곧 죽음이다. 아니다, 그것은 이 불완전성 자체로서의 삶이
다.

10

생명의
가치

10

생명의 가치

2020년 9월 8일

코로나19 팬데믹을 멈춰 세우는 데 지나친 노력을 기울이고 있다고, 이러한 소동은 그들의 표현으로는 '벌거벗은' 생명의 우상화 혹은 신성화라고 부르는 것의 결과라고 생각하는 지식인들이 있다. 그들은 흔히들 말하는 원래의 삶을 다시 제자리로 돌려놓기라는 사안과 관련해 자신들이 현대 문화의 중요한 두 요소인 생물학과 경제에서 완패했음을 현명히 수긍해야 할 것이다. 이론 생물학은 생명의 본성이 무엇인가라는 질문은 우스꽝스러운 것이라고 단호하게 선언한다. 이 점을 나는 앞에서 다룬 바 있다. [8] 이론 생물학의 관점에서 보면, 생명의 가치가 경제적 계산을 통해 저속한 상품의 지위로 하락한 것은 생명에 가격을 부여하면서부터이다. [4]

이러한 일이 새롭지 않은 것은, 이미 1960년대 초반에 있었던 사건이기 때문이다. 정말 프랑스적인 특기이지만, 5개년 경제계획을 세웠을 당시(현 정부가 다시 착수하기를 바라는 계획) 프랑스 경제학자들은 미국에서 제2차 세계대전 중에 탄생한 공적 결정에 관한 평가법을 들여와서는 프랑스어로 이를 '예산 선택 합리화'(RCB)[1]라고 불렀다. 이러한 틀에서 시간이나 인간의 생명 같은 무상 재화에 화폐가치를 부여하는 일이 경제적 합리성에 부합해 보였다. 같은 1960년대에 시작된 프랑스 고속도로망의 발전의 기초에는 더 빠른 속도로 달려 '얻을' 수 있을 시간과, 더 직선적인 경로에서 동일한 속도가 더 일으키거나 덜 일으키게 될 예상 사고 수치에 관한 계산이 있었다. 이러한 득실을 사회간접자본 투자·유지 비용과 비교해야 했기에, 모든 것이 화폐가치로 변환되는 것이 당연해 보였다. 그러나 몇 가지 이론적 고려 사항들 덕분에 이 방법은 정당화되었는데, 바로 그 사항들이 지금 내 흥미를 끄는 것이다.[2]

---

1   영어로는 Planning, Programming, Budgeting Systems(PPBS)이다. 애초에 이 방법은 1961년에 로버트 맥나마라가 미국 국방부에 도입한 것이다. 이 방법이 기초로 삼은 주요한 개념들은 2차 세계 대전 중에 시장조사개발협회RAND Corporation가 만들었다.

2   시간을 화폐가치로 환산하는 일은 여기서는 통용되지 않는 장기 발전을 필요로 할 것이다. 나는 과거에 한 단행본에서 이 문제를 다뤘다. 《사회적 가치와 시간의 혼잡 *Valeur sociale et encombrement du temps*》, Paris, Éditions du CNRS, coll. Monographie du séminaire d'économétrie, 1975 (Jean Ullmo의 서문).

왜 인간의 생명에
가격이 매겨질 수 있다고
여겨지는가

현재 1,000만 유로의 예산을 쓸 수 있는데, 이 예산을 인간 생명 구조를 목적으로 하는 두 유형의 행동에 (경중을 따져) 차등 배분해야 한다고 가정해보자. 예를 들어, 암에 대한 의학 연구와 도로 교통사고 다발지점의 정비 같은 행동 말이다. 마찬가지로, 이 두 분야 각각에서 재정 수익은 감소한다고 가정해보자. 즉, 우리가 한 분야에 이미 할당한 예산이 클수록, 추가적인[3] 인간 생명 구조 비용은 더욱 상승한다는 가정이다. 마지막으로, 예산 배분의 목적이 구해낸 생명의 수를 극대화하는 것이라고 가정해보자. 이러한 조건에서 그 목적이 달성되었을 때 할당된 예산의 제한 때문에 구하지 못하고 포기했던 인간 생명의 비용이 이 두 분야에서 동일하다는 사실은, 간단한 수학만으로도 밝힐 수 있다. 그렇지만 다른 식의 사태도 가능할까? 예를 들어, 안전 분야의 비용보다 의료 분야의 비용이 더 커질 수 있을까? 예산을 첫 번째 분야에서 두 번째 분야로 이전하면 구해낸 인간 생명의 총 수가 증가할 것이다. 이 등비용等費用[4]을 '인간 생

---

3   경제학자들은 이 용어를 '한계비용coût marginal'의 의미로 사용한다.

4   [역자 주] 투여된 자본이 1일 때 구한 생명을 1로 보는 것.

명의 가치'라고 부르는 것이 적절하다. 이 가치는 적어도 다음 두 가지를 표현한다. 첫째, 유한한 재원으로 인해 분야에 따라 인간 생명을 구하는 행동이 거부될 수 있다. 이런 점에서 생명의 가치는 유한하다. 둘째, 이처럼 인간 생명의 유한한 가치는 다양한 분야에 대한 재원 배분의 조건이 일관되어야 함을 의미한다.

지금껏 말한 모든 것에서 다음을 이해해야 한다. 토마토나 파의 개수를 늘리듯 인간 생명을 늘릴 때 이 생명은 보편적인 성격의 생명이지만 항상 통계상의 생명인 것은 아니다. 우리는 실제로 무엇을 발견하는가? 먼저, 우리가 행동에 나설 수 있는 분야에서 생명을 추가로 구하는 행동을 실제로 거부함이란 놀라운 일이 아닐지 모른다. 한편으로는 의학적 수단을 통한 생명 연장에 제한을 둔 채 임시적인 치료만 제공하고, 다른 한편으로는 설치하기만 하면 이용할 수는 있겠지만 엄청난 비용이 드는대 테러 안전 설비 없이 살아간다. 지진이 일어난 도시의 잔해 속에서 혹시라도 살아 있을 생존자를 찾는 일을 멈추는 순간이 온다. 다른 곳에서는 제3세계에 원조는 하면서도, 말라리아 극복에 대응하는 조치는 무시한다. 그 비용이 상대적으로 거의 들지 않는 것이나 같은데도 말이다.

두 번째로 우리가 발견하는 것은, 인간 생명의 가치라는 개념의 토대가 되는, 최적의 재원 배분이라는 조건이 위반되었다는 것이다. 암묵적인 인간 생명의 가치들 사이의 격차는 한마디로 엄청나서, 그 비율은 1에서 1만에 이를 수도 있다. 현실은 완전히 부조리한 것일까? 오히려 이러한 현실을 이해하는 개념들이 부적합한 것은 아닐까?

　　그러나 도덕철학에 합리적인 해결책을 제공할 수 있다고 자부하는 '규범적' 경제학자들은 경험적 실재보다는 '선험적' 방식의 정합성에 더 흥미를 보인다. 그들은 자기들이 '지불 동의'라고 부르는 것에 따라 인간 생명에 값을 매기는 것이다. 즉, 당신이 생명을 1년 연장하기 위해 얼마를 지불할 준비가 되었는지 내게 말해 달라. 그러면 나는 당신에게 그 비용이 얼마인지 말해 주겠다는 것이다. 더없이 희화적인 경제주의 정신에 입각한 이러한 발상은 한 생명의 가치를 개인이 창출할 수 있는 시장의 재화·서비스 가치로 측정하게 할 수도 있다. 이런 조건이라면, 한 미국인의 생명은 한 벵골인의 생명보다 100배 더 높은 가치가 있다. 기후변화에 관한 정부간 협의체(GIEC/IPCC)는 첫 보고서 중 하나에서 기후변화로 인한 결과를 계산하고자 했다. 당연히 화폐가치로 말이다. 태풍의 빈도와 강도의 증가로 인해 멕시코만에서 일어나는 피해와, 해수면 상승으로 방글라데시의 국토 대부분이 물에 잠겨 사라지는 피해가 같은 범주로 취급되었다. 인명 피해의 가치를 계산하는 것이 문제될 때, 그 가치는 1인당 국내 총생산량이라는 기준에 따라 계산되었다. 지구 최빈국들의 대표자들이 사임하겠다고 으름장을 놓자, GIEC [IPCC]는 딱하게도 계산 내용을 서랍에 다시 집어넣었다. 그 자료는 아마 아직도 서랍 안에 있을 것이다.

프랑스에서 한 인간 생명의 가치는 정도의 차이는 있지만 자의적인 방식으로 결정된다. 그 가치는 오늘날 300만 유로로 고정되어 있다. [4] 그 가치는 예컨대 새로운 사회간접자본의 수익성을 평가하는 공공 경제 계산에서만 사용된다. 공적 주체들처럼 사적 주체들의 연계 수단을 거부하기라도 하듯 일이 진행되는 것이다. 그렇게 해서 한정된 재원으로 국가 차원에서 구해낸 생명의 수는 극대화된다. 명백히 드러난 적은 없지만 이러한 목표는 이미 의미를 상실했고, 국가는 물론 누구도 그 목표를 추구하고 있지 않다고 인정하고 있다.

지프차와
인간들

에콜 폴리테크니크 재학 시절 때의 일이다. 나폴레옹이 이 학교를 군사학교로 만들었음은 잘 알려져 있다. 완전히 시대착오적이지만, 이 학교의 그러한 위상은 아직도 남아 있다. 그 시절 나는 프랑스 육군의 지프차 주차장의 최적 경영이라는 주제로 논문을 써야 했다. 이른바 '오퍼레이션 리서치Operation Research'[5]의 위대한 시대였다. 이 또한 제2차 세계대전 시대에 미국이 창안한 것으로 경영과 조직의 문제들에 기초 수학을 적용

---

5 [역자 주] 과학적, 수학적 조사 연구에 의한 기업계획.

하는 연구였다. 나는 내 논문의 결론을 잘못 생각하지 않았다고 생각했다. 이 사안에 고유한 조건들을 염두에 둘 때 지프차에도 수명 연한이 있어서 어떤 수명에 이르면 낡은 지프차는 폐기처분하고 새 지프차로 대체해야 한다는 점을 나는 증명했다. 내가 제시한 권고는 그러한 당위를 더 다듬은 것으로, 유지 관리 노력이 지프차의 수명에 따라 어떻게 변하는지 보여주는 곡선까지 추가한 것이었다. 프로그래밍한 결론에 이를수록 심각한 고장 수리의 짐은 덜었고 폐기처분의 예측은 더욱 정확해졌다.

이러한 경제 논리를 인간의 생명이라는 주차장에 적용했다면 어떤 소름끼치는 반작용이 일어날지, 독자의 상상에 맡겨두겠다. 이 경우, 특정 나이를 넘어선 환자들의 치료가 거부될 수 있고, 죽어가는 사람들을 그들의 운에 맡겨버릴 수 있다. 니체가《우상의 황혼 Crépuscule des idoles》에서 정확히 이러한 유형의 정책을 권장하는 '의사들을 위한 도덕'이 제안될 수 있다고 믿었음을, 나는 잘 알고 있다. 그러나 당시 그는 광기의 문턱에 와 있었다. 그는 주저하지 않고 이렇게 썼다. "환자는 사회의 기생충이다. 어떤 상태에 이르면 더 오래 사는 것은 좋은 일이 아니게 된다. 삶의 의미를, 삶의 '권리'를 잃고, 약이나 의술의 노예가 되어 비굴하게 연명하겠다는 고집을 부리는 모습을 사회의 시각에서 바라본다면 극도의 경멸감이 들 것이다. 의사의 시각에서 바라본다면, 의사들은 이 경멸을 중재하는 임무를 맡을 것이다. 그러니까 그들은 처방전을 쓰는 대신, 매일 환자들에게 더 큰 혐오감을 드러낼 것이다…." 반면, 반드시 다음의 내용을 성찰해야 한다. 합리성의 이름으로 인간의 생명을 구하기 위해 개입하는 모든 분야에서 그 생명의 가치를 균등하게끔 만드는 조건들은 지프차와 인간 사이에 차이를 만들지 않게 하는 조건들 자체라는 것 말이다. 통계상의 구해낸 생명은 모터 달린 기계만큼이나 비인간적이다. 그 생명은 정체성이 없고, 이름이 없고, 나이가 없고, 성별이 없다. 그리고 바로 그 이유로 그 어떤 것이라도 다른 통계상의 생명과 대체될 수 있게 된다. 그 생명은 인간들의 세상에 이중적으로 '부재한다.' 우선 통계에 잡혀야 할 텐데, 도대체 '평균적 인간[6]'을 본 적이 있는가? 무엇보다 평균적이라는 존재 양식은 잠재성의 양식이다. 내가 사용하려는 전문 용어는 '반反사실성'이다. 사망 사고나 질병을 예방하기 위한 행동을 '거부'한다면 어떤 일이 일어날까? 뚜렷한 정체성을 지닌 여러 사람들이 죽을 것이다. 하지만 우리가 행동한다면, 행동하지 않았다면 죽었을 사람들을 누가 지명할 수 있을까? [5]

통계상의 생명의 특질은 사실 더 클 수도 더 작을 수도 있다. 모든 것은 표본에, 특히 표본의 규모에 달렸다. 그래서 분야에 따라 관찰되는 인간 생명의 함축적인 가치상의 상당한 차

---

6   '도덕 통계학'을 정초한 아돌프 크틀레Adolphe Quetelet(1796-1874)의 의미를 따른 것.

이들은 부분적으로 설명할 수 있다. '반反사실성' 덕분에 목숨을 구할 수 있었던 생명의 잠재적인 성격도 사정은 마찬가지이다. 극대화 계산에서 정체성 해체는 상황에 따라 더 혹은 덜 두드러진다.

2010년 여름 내내 아타카마Atacama 사막의 갱도 깊은 곳에 고립되었던 33명의 칠레 미성년자들은 우리가 그들의 생명에 부여한 가치를 보고 위안을 삼았을지도 모르겠다. 뒤섞여 있는 칠레 미성년자들의 무리 속에서 그들은 그저 숫자에 불과했지만, 그들에게 암묵적으로 부여된 가치보다 엄청나게 큰 가치가 매겨졌다. 그러나 그들을 안타까워했던 전 세계 사람들과, 공신력을 이용했던 칠레 정부는 그 아이들 개인의 정체성과 그들 집단의 정체성을 동일시했다. 그들 중 90%가 목숨을 구했다면, 전 세계인들은 칠레 정부가 상황에 맞게 해야 할 일을 했다고 판단했을 것이라고 생각할 수 있다. 물론 죽음을 면할 수 없었던 3명의 미성년자들의 가족은 분명 다르게 판단했겠지만 말이다.

개인의 정체성이 통계학의 적용으로 무너지게 되면 예방 행위의 차원에서 형태가 달라진다. 예방 대신 오늘날에는 '대비對備'라고 할 것이다. 목숨을 구할 수 있었던 생명의 반反사실적인 성격으로는 이 점이 더 이상 설명되지 않는다. 그것은 확정되지 않은 미래이다. 그러나 이때도 사람은 최대치로 평가받거나 최저치로 평가받는다. 분야에 따라 인간 생명의 함축적 가치들 사이에서 볼 수 있는 엄청난 격차들을 증명하는 것은 아니더라도, 이를 설명해주는 것이 바로 이렇게 계속 이어지는 일련의 단계들이다. 교통사고 예방 정책을 생각해보자. 매년 도로 교통사고 희생자 전체가 항공 사고로 인한 희생자보다 월등히 높다면, 항공 사고 '각각'의 상황과 비교된 도로 교통사고 '각각'의 환경은, 구조가 거부된 통계상의 생명에 '도덕적 중요성'을 부여한다. 이러한 표현을 써도 된다면, 그 중요성은 도로 교통사고의 경우보다 항공 사고의 경우에서 더 높다. 자동차 사고가 나면 혼자 죽거나 몇몇이 죽는다. 2009년 6월 1일, 리우데자네이루에서 파리로 오던 AF447기의 추락사고로 단번에 228명의 희생자가 났다. [1] 인간 생명의 함축적인 가치가 자동차보다 비행기의 경우 훨씬 더 높다는 점에 놀랄 필요는 없을 것이다.

그러므로 분야에 따라 인간 생명의 함축적 가치에 인정된 엄청난 차이란 정당화될 수는 없어도 설명은 가능하다고 생각된다. 이 점에 관해 합리적이지 못하다고 기분 상해하는 것은, 반복하지만 한 사람과 프랑스 육군이 운용하는 지프차 사이에 차이를 두지 않는 것과도 같다.

간혹 이 주제를 다룬 문학에서 삼인칭으로 된 죽음('그의 죽음')과 이인칭으로 된 죽음('너의 죽음') 간의 차이를 발견할 때가 있다. 여기에 의사가 자기 환자와의 관계에서 이 두 번째 상황에 놓였다는 점을 추가해보자. 이 사실은 의학에서 흔히 말하듯 인간의 생명은 '가치를 매길 수 없다'는 점을 정당화해 줄 것이다. 인간 생명의 가치가 무한히 비교 불가하다는 사실을 이해해야 한다. 이 사실은 앞에서 말한 구분이 지나치게 단정적이며, 내부에 여러 단계를 갖는 상황들의 추이 전체를 분석하는 것이 적합하다는 점을 보여준다.[7]

공공적 선택에 일관성을 유지한다는 이유로 국가의 가장 높은 영역에서 지배력을 발휘하는 경제주의는 인간의 존재 양식을 풍요롭게 해주는 모든 것을 제거해버린다.

———

7 나는 통계학에서 개별적 동일성이 해체된 극단적인 한 경우를 연구해야 했던 적이 있다. 그때 나는 체르노빌에서 발생한 사망자들의 경우라는 인간 생명의 '무無'가치에 이르렀다. 어떤 역사적 사건도 그렇게 대조된 계산의 대상이 된 적이 없었다. 공식적으로 발표된 십여 명의 사망자 수와, 간혹 몇 천만 명이 사는 오염지역에서 주장하는 숫자 사이의 비율은 1 : 1만이다. 어떤 이들은 부정직하고 다른 이들은 원한에 사로잡혀 생긴 이 깊은 불일치를 설명하는 일은 내게 어려워 보인다. 이 문제는 사실 철학적인 문제이다. 정말로 극도로 작은 개연성으로 엄청난 결과를 초래하는 행동이나 사실들이 존재한다. 그러한 행동들은 무시해도 좋은 것이므로 도덕적 계산에서는 이 개연성을 아예 없는 것으로 간주해야 할까? 산출된 결과는 대수롭지 않지만 수많은 사람들을 덮치는 행동이나 사실들이 존재한다. 이 결과들이 대수롭지 않다고 그것을 득실로 간주해야 할까? 엄청난 양의 방사능이 예전에 널리 퍼졌고, 수많은 사람들이 그 영향으로 암이나 백혈병 때문에 죽었다고 발표된 그 어떤 사람이라도 그가 체르노빌 사태로 죽었다고 말할 수는 없다. 우리가 말할 수 있는 전부는 그가 '선험적으로' 암이나 백혈병으로 죽었을 개연성이 체르노빌 사태로 대단히 미약하게나마 증가했다는 것뿐이다. 그러므로 내 생각에 핵으로 인한 파국으로 수만 명이 죽을 수 있겠지만, 그 죽음은 '거명'될 수 없다. 공식적인 견해는 그로 인해 그렇게 죽은 사람들은 존재하지 않는다고 결론 내리는 것이다. 내 책《체르노빌로의 회귀. 어떤 분노한 이의 일기 *Retour de Tchernobyl. Journal d'un homme en colère*》, Paris, Seuil, 2006을 보라.

11

—

국소세계에서의
죽음

국소세계에서의 죽음

2020년 9월 11일

몇몇 임계점

빙하가 녹으면서 발원하여 산 속 수백 개 급류로 불어난 유년기를 거쳐, 레만Léman 호수의 지하를 횡단하고, 지나가는 길에 사람들과 자연이 빚어낸 장애물들인 댐과 저수儲水와 노닐다가, 지중해에 합류하면서 두 팔 벌린 삼각주 모양으로 펼쳐지며 쏟아져 나올 때까지, 론Rhône 강은 '유체역학'이라는 학문의 프리즘으로 본다면 한쪽에서 저쪽까지 동일한 법칙을 따른다. 이 강의 '현상학'은, 즉 때로 소용돌이 모양으로, 간혹은 보이지 않은 채로, 종종 차분히 흐르는 장강長江으로 우리 눈에 보이는 강의 모습은 아주 딴판으로 바뀌지만, 이를 하나의 복잡계로 인식한다면 그 강은 하나이고 유일하다.

복잡계 이론은 강의 다소 안정적인 이러한 흐름의 방식을

'고유행태comportements propres'[1]라고 부른다. 이 방식으로 연립 방정식을 풀 수 있는데, 이 방정식들을 이용하면 강의 역학 모델이 나온다. 이 연립방정식에는 외부 데이터들의 영향을 나타내는 여러 매개변수들이 포함된다(예를 들어 강우 상황, 경로의 유도 등). 이 매개변수들이 어떤 값을 넘어서면 강이라는 시스템의 고유행태가 급변할 수 있다. 이 임계값을 임계점(영어로 티핑 포인트tipping points)이라고 부른다. 한 임계점에서 이러저러한 매개변수의 변화 같은 연속적 진화는 한 체계의 행태에 불연속을 일으킨다. 이러한 임계점은 자연, 생명, 기술, 사회 어디에나 있다. 아니, 자연, 생명, 기술, 사회와 관련된 현상들을 드러내는 모델 어디에나 있다고 말해야 할 것이다.

SARS-CoV-2 같은 바이러스의 순환 역학도 이 규칙에서 벗어나지 않는다. 이 점은 이미 언급되어 널리 퍼졌다. 여기서 핵심 매개변수는 R이라는 약호로 표상된 증식률taux de reproduction이다. 이 약호는 감염된 한 개인이 면역이 형성된 개인들과 그렇지 않은 개인들을 모두 포함하는 집단에서 감염시키게 될 사람들의 평균 숫자이다. R이 1보다 크면 원자로에서처럼 핵연쇄 반응에 직면한 것이고, 그때 감염병은 어마어마하게 폭발

---

1   영어-독일어 Eigenbehavior의 번역어. 이 낯선 단어는 '고유한'을 의미하는 독일어 Eigen과 '행태'를 의미하는 영어 behavior로 구성된 것으로, 특히 양자 역학 분야에 맞춘 독일 학자들이 미국 이민 때 가져온 것이 이 개념의 기원이다.

하고, R이 1보다 작으면 감염병은 정확히 같은 방식으로 소멸한다.[2] R이 1보다 작은 값에서 출발해서 증가하다가 결국 이 임계값을 넘어서면, 대변화가 일어나 감염병은 이론상 통제 불가능하게 된다. 이것이 프랑스에서 격리 해제 시기와 2020년 9월 초 사이에 일어났던 일이다. 격리를 통해 프랑스는 R을 0.8까지 낮추는 데 성공했다. 경계를 완화하자 경제는 어느 정도 회복되었지만 R은 1.4 수준까지 다시 치솟았다. 외통수에 몰린 듯 보였던 감염병이 전보다 더 심각해져 되돌아왔다.

사실 재검토되어야 하는 기초적인 이론을 토대로 최소한 이러한 내용은 말할 수 있다.

---

2 '기하급수적exponentiel'이라는 형용사는 팬데믹의 시대에 약방의 감초 격인 말로, 어떤 엄청나거나 상당한 것을 의미하게 되었다. 그러므로 지수 함수가 감소될 수 있다는 것은 이해 불가능한 말이 된다. 그러나 이 서술어는 [2]에서 설명한 것처럼, 예컨대 어떤 규모가 시간이 지남에 따라 변화하게 되는 함수와 그래프 곡선에만 적용될 뿐이다. 지수함수적 감소는 이 규모가 각 단위 시간마다 어떤 동일한 비율로 감소하게 될 때마다 생긴다. 이론적으로 감소가 완전히 사라지기 위해서는 무한한 시간이 필요하다. 동일한 단위에서 출발해서 매년 10%씩 감소된다면 6년 6개월 후에 출발지점의 절반이 남게 된다. 이 지속 기간은 원자력 부문에서는 방사능 물질의 반감기半減期로 나타난다. 체르노빌의 거대한 숲을 오염시킨 플루토늄 239의 반감기는 24,110년이다. 팬데믹도 원칙적으로 동일한 방식으로 사라진다. 다음에 이어지는 내용을 참조하라.

국소세계들

임계점이라는 개념은 수학 내부에서 탄생했다. 더 정확히는 17세기 뉴턴과 18세기 라그랑주Lagrange로 거슬러 올라갈 수있는 역학체계 이론에서 탄생했다. 내가 곧 제시할 '국소세계' 개념은 훨씬 최근의 것이다. 이 개념은 먹이 그물(예컨대 지중해에서 어떤 종의 동물이 어떤 다른 종의 동물을 먹는 것)부터 중추신경체계, 월드와이드웹World Wide Web까지, 서로 상호작용하는 매듭들의 형태를 한 복잡계의 관찰에 기초한다. 이 네트워크는 상황에 따라 크기와 기능이 변하는데, 네트워크에 끊임없이새로운 관계가 덧붙여져, 이미 존재하는 매듭과 새로운 관계를조직하는가 하면, 같은 방식으로 복잡성을 증가시킨다.

이 네트워크는 자연적이거나 기술적이거나 사회적일 수있는데, 서로 밀접히 결속된 세 가지 특징을 갖는다.

a) 이 네트워크들은 '국소세계들small worlds'[3]을 구성한다. 우연히 맺어진 모든 매듭 쌍들의 경우, 하나에서 다른 하나로 나아가도록 해주는 관계들의 최소한의 연쇄가 존재한다. 한 국소세계에서 전체 매듭 쌍이 이어지는 평균 길

---

3 Mark Buchanan, *Small World: Uncovering Nature's Hidden Networks*, Londres, Weidenfeld & Nicolson, 2002.

이는 전체 매듭의 수와 비교해보면 놀랄 만큼 짧다. 그래서 지구의 어떤 거주민도 어떤 다른 거주민과 평균적으로 '6단계의 분리'[4]만큼 떨어져 있다고 추정된다. 이때 기초적인 관계는 상호 지식의 관계로 정의된다. 웹상의 사이트는 10억여 개를 헤아린다. 그리고 사이트 중 둘 사이의 평균 거리는 19단계로 추산된다. 그러니까 B라는 사이트로 이어지는 관계가 A라는 사이트에서 출발한다면, B는 A와 연결되어 있는 것이다.

b) 매듭들에 이르는 링크들의 수에 따라 매듭이 분배될 때 이들 매듭은 사실 균등하게 분배되지 않는다. 상대적으로 적은 수의 매듭은 링크들의 핵심을 농축시키면서 허브 plaque tournant, hubs 역할을 수행하는 반면, 상당히 많은 링크들은 하나나 두 개의 관계를 통해서만 다른 링크들과 이어져 있다. 웹상에서 80%의 링크들은 고작 15%의 사이트로 향한다. 해당 막대그래프는 사실 우리가 '멱법칙冪法則 power law'이라고 부르는 지극히 정확한 법칙을 따른다. 주

---

4   오늘날 영미권에서 이 표현(six degree of separation)은 이러한 예외적인 속성을 지시하기 위한 상용어이다. [역자 주] 무작위로 선택된 두 사람을 연결할 때 중간에 얼마나 많은 아는 사람이 필요한지 실험한 결과 평균 5.5명을 거치면 지구상 어느 누구와도 연결될 수 있다는 결론이 도출되었다.

어진 링크들의 수에 대응하는 매듭들의 수는 매번 링크 수가 2배가 될 때마다 어떤 항상적인 요인에 의해 둘로 쪼개진다. 멱법칙은 또한 이탈리아의 경제학자이자 사회학자의 이름을 따서 '파레토 법칙'이라고도 부르는데, 빌프레도 파레토Vilfredo Pareto는 레옹 발라스Leon Walras와 공동으로 로잔Lausanne 학파의 창시자이다. 파레토는 각국에서 소득 분배는 어떤 특별한 법칙을 따르게 된다고 예견했는데, 분배의 어느 부분을 삭제해도 결국 전체 분배 양상은 동일하다는 법칙이다. 예컨대, 당신의 수입이 얼마든 당신보다 더 많은 수입을 올리는 사람들의 평균 수입은 항상 1보다 크다. 멱법칙이 이러한 결과를 보여준다. 이는 또한 '프랙탈fractal' 법칙 혹은 '규모 불변성'의 법칙이라고도 한다. 매듭의 막대그래프가 고스란히 보여주는 이 법칙의 네트워크를 '규모 불변 네트워크scale-free networks'라고 한다. 확실히 이러한 네트워크에서 허브의 수는 상대적으로 매우 적지만, 분배되는 링크들의 수는 가우스의 법칙, 즉 우연적 추첨의 결과를 따를 때보다는 훨씬 많다. 이로부터 꼬리 부분fat tail[5]이 상대적으로 커지게 된다는 기본 개념이 도출된다.

---

5   [역자 주] 통계학의 정규분포에서 그 꼬리부분이 두꺼우면 평균에 집중될 확률이 낮아져, 예측이 틀리게 된다는 뜻.

앞의 두 특징을 제시한다고 볼 수 있는 네트워크들에는 어떤 사례가 있는지 언급해보자. 다수 생태계의 먹이 그물, 신경 계통, 분자의 물질대사를 구성하는 화학적 관계망, 인터넷 망, 웹, 전기 배치 망, 항공로, 과학적 인용의 망, 성적 파트너의 망이나 사건들의 망처럼 사회적 영향력이 있는 수많은 망들이 그것이다[6]. 모든 네트워크가 규모 불변성을 가진 네트워크(예컨대 도로망)가 아님을 강조하는 일은 중요하다.

c) 규모 불변성을 가진 네트워크의 구성과 발전에 기여하는 메커니즘 가운데 하나가 가장 빈번히 나타나는 것 같고, 그 메커니즘으로 인해 실제적인 피드백 회로가 들어서게 된다. 오늘날 이 회로는 복잡계의 안정성에 탁월한 역할을 수행하는 것으로 알려져 있다. [4, 8] 어떤 네트워크가 구성되고, 어떤 새로운 매듭이 전체에 응집될 때, 기존 매듭과 엮인 링크들은 이미 많은 링크들을 모으고 있는 매듭과 우선적으로 이어질 것이다. 이것이 모든 의태 역학의 중심에서 발견되는 '부자니까 사람들이 믿어준다rich-get-richer'라는 규칙이다. 이 관계가 정확히 비례할 때 이로

6 Albert-László Barabási, *Linked: The New Science of Networks*, Cambridge (Mass.), Perseus, 2002.

인해 생기는 네트워크는 규모 불변성을 가진다.

내가 방금 기술한 세 가지 특징들을 보이는 네트워크들은, 복잡계에 관해 제시된 한 문제, 그러니까 체계들의 복잡성은 그 체계를 안정시키는 데 유리한가 아니면 그 반대인가에 대한 부분적이지만 중요한 답변을 제시해주는, 완전히 주목할 만한 속성을 갖추고 있다. 최근에 프랑스에서 '붕괴학'이라는 이름으로 재출현 중인 활동가 그룹은 현대 산업 사회의 뼈대를 형성하는 커다란 체계들이 증가하면서 생기는 복잡성으로 인해 '불가피하게' 사회들이 소멸할 것이라는 입장을 옹호했다.

우리 문명의 구조는 점점 더 포괄적이 되고, 상호 연결되고, 차단되면서 내적이거나 외적인 아주 자그마한 혼란에도 매우 취약해질 뿐 아니라, 앞으로 체계적인 붕괴 역학에 종속될 것이다. […] 이로부터 우리는 우리 사회가 가까운 미래에 붕괴할 수 있다고 결론 내린다.[7]

한편 잘 관찰해보면, 생태계는, 오직 생태계에 관해서만 말하자면, 충격을 받으면 저항한다는 점을 확인할 수 있다. 즉,

---

7 Pablo Servigne et Raphaël Stevens, *Comment tout peut s'effondrer, op. cit.*, p. 128-129 et 130.

탄성 에너지나 환상적이기까지 한 견고성이라는 이름의 저항 말이다. 이 분야의 대가의 말처럼 "자연은 고도로 상호 연결된 복잡한 네트워크를 이용해서 견고성에 이르도록 노력하는 것처럼 보인다."[8] 그렇다면 붕괴론자들의 오류는 어떻게 설명할 수 있을까?

사실, 규모 불변성을 가진 시스템들이나 국소세계들은 견고한 동시에 취약하다. 허브라는 장소는 견고하면서 취약하다는 대립하는 이 두 술어의 공존을 설명해준다. 고장이 발생해서 우연히 시스템의 매듭을 건드리면, 단연 가장 수가 많지만 가장 연결이 적은 매듭은 허브 이상으로 타격을 받을 기회가 훨씬 더 많다. 반면, 연결이 없다시피 한 매듭이 사라지더라도 그것이 네트워크의 전체 기능에 미치는 효과는 극히 적다. 추측하건대, 이 네트워크가 국소세계가 되기 때문이다. 반대로 하나나 여럿의 허브가 공격을 당하면, 시스템은 갑자기 무너지고 말 것이다. 이러한 유형의 시스템을 신중하게 관리하기 위한 첫 번째 권고 사항은 일차적으로 허브들을 확인하는 일일 것이다. 이 일은 매우 어려워 보일지도 모른다. 먹이 그물이나 생태계 일반에서 허브 역할을 수행한다고 확인된 종들은 간혹 예기치 않은 것일 수도 있기 때문이다. 얼핏 보기엔 확연히 눈길을 끌지 않는 종들이 실은 관건이다. 그 종들이 어떤 허브의 특징을 갖는지

---

8   Albert-László Barabási, *Linked, op. cit.*, p. 111.

는 문제의 네트워크를 빠짐없이 기술하는 한에서만 드러날 뿐이다.

열거된 사례들을 고려해보면, 이러한 고찰들은 생물다양성의 고갈, 유전자변형 농산물 재배로 인한 비유전자변형 농산물의 오염, 새로운 바이오·나노테크놀로지가 인간의 통제를 벗어나게 될 위험, 테러범들의 공격이나 송전망의 붕괴로 인한 인터넷 파괴처럼 다양한 주제들에 관심이 있는 사람에게는 극히 중요한 것임을 쉽게 알 수 있다. 물론 코로나바이러스SARS-CoV-2의 확산이라는 주제도 마찬가지이다.

슈퍼 전파자들의
중요한 역할

모든 개인과 모든 사건들이 이 새로운 바이러스의 확산에 동일한 역할을 수행하지 않는다는 사실은 이제 너무도 자명하다. 수십 편의 연구들 가운데 2020년 1월 23일에서 4월 28일 사이에 홍콩에서 이루어진 한 연구는 감염 사례의 20%가 80%의 전염의 원인이 되었고, 신규 확진자의 70%는 아무에게도 바이러스를 전파하지 않았다고 결론 내렸다. 한 환자는 같은 병원에서 2주를 보냈는데 138명을 감염시켰다. 우리가 '슈퍼 전파자super-spreader'라고 부르는 이들이 바로 이들이다. 중국, 한국, 싱가포르, 영국에서 동일한 방식으로 수행된 다른 연구들의 결론도 비슷한 비율을 보여주었다. 프랑스의 데이터도 같은 방향을 향하는 듯하다.

이처럼 개인에 따라 엄청나게 다른 가변성을 나타내는 증식률 R의 원인에 대해서라면, 가설을 이용하는 수밖에는 없다. 분명 개인들의 특징들이 일정한 역할을 수행하지만, 그들이 처한 상황이나 그들이 연루된 사건이 더 큰 힘으로 작용하는 듯하다. 종교행사를 거행하고 스포츠 경기에 참여하는 등 야외나 밀폐된 장소에서 군중 한가운데 자리 잡았을 때 말이다.

이 성찰의 첫머리에서 나는 모든 사람에게 증식률 R이 동일하다고 가정했다. 사실 그것은 완전히 잘못된 가정이다. 질적으로 R의 분포는 규모 불변성을 규정하는 분포와 많이 닮아 있다. 소수의, 강력한 감염력의 보유자들은 정상분포곡선une courbe en cloche의 형태를 취하는 불확실한 분포를 압도한다. 반면, 대단히 큰 다수를 이루지만 거의 혹은 전혀 감염력이 없는 이들도 있다. 그러나 나는 관찰된 분포가 멱법칙이나 파레토의 법칙에 부합함을 보여주는 연구는 보지 못했다. 바로 그 경우였다면, 바이러스 확산은 정확히 규모 불변성을 보이는 어떤 네트워크의 링크들을 따라서 진행되었을지도 모른다. 아마 우리는 그럴 가능성에서 그다지 멀리 떨어져 있지는 않을 것이다.

이 가설에서 매우 중요하고 놀라운 이론적 결과가 도출된다. 국소세계에서 임계점은 그 타당성을 완전히 잃는다. 그 세계에서는 개체군 전체에서 증식률 R의 분포가 어떻든 감염병은 결코 멈추지 않는다. 감염병은 무한히 돌고 또 돈다. 물론 격리, 마스크 착용, 타인들과의 물리적 거리두기, 접촉 수의 제한 등 일상적 조치에 따라 바이러스 순환 속도가 늦춰질 수는 있을 것이다. 국소세계라는 개념은 지금 무슨 일이 일어나고 있는지 우리의 이해를 도와준다. 모든 개인은 공간적으로 가장 멀리 떨어져 있을지라도 슈퍼 전파자들의 매개로 서로 가까워진다. 그 덕분에 바이러스는 엄청난 전염성을 발휘한다.[9]

현재 일어나는 사태를 잘 설명해주는 듯한 이러한 입장에서 두 가지 결론이 도출되는데, 이때 이 결론에는 좋은 소식이 있고 나쁜 소식이 있다.

나쁜 소식은, 분명 백신과/혹은 확실하고 효과적인 치료법의 부재로 인해 우리는 예측 가능한 결말에 대한 전망 없이 계속해서 바이러스와 함께 살아가야 한다는 것이다.

좋은 소식은, 그럼에도 슈퍼 전파자들을 무력화하려고 애쓰면서 행동할 수는 있다는 것이다.[10] 분명 이 과제는 보이는 것보다는 훨씬 더 어려운 일이다. 유사한 결론이 에이즈의 전파라

---

9 Cf. Romualdo Pastor-Satorras et Alessandro Vespignani, "Epidemie Spreading in Scale Free Networks", *Physical Review Letters*, vol. 86, 2001, p. 3200-3203.

10 Cf. Dillon C. Adam et Benjamin J. Cowling, "Juste Stop the Superspreading", *New York Times*, 2020년 6월 2일 자.

는 문제에서 일찌감치 나온 바 있다. 상대적으로 제한된 슈퍼 전파자 그룹은 분명한 역할을 수행했다. 미국에서 모든 일의 시작이었다고 할 수 있는 '최초'의 에이즈 확진자는 직업이 항공 승무원이었고, 동성연애자였으며, 프랑스어권 캐나다인이었다. '카포지 육종sarcome de Kaposi'으로 죽기 전, 그가 성관계를 맺었던 파트너는 약 2,500명으로 추산되었다. 주어진 자원으로 이들 슈퍼 전파자들을 먼저 치료하자는 생각이 검토되었지만, 곧바로 넘어설 수 없어 보이는 한가지 윤리적 문제에 부딪혔다. 이 정책은 성적 문란에 대한 보상처럼 보였던 것이다.[11] 그러니까 이 승무원이나, 족쇄를 차고 일하는 가난한 매춘부들처럼 사람들이 부도덕하다고 판단하는 개인들에게 희귀하고 비싼 약을 제공하게 될 것이다. 그러면서 그저 아주 가끔 '유혹에 넘어갔을' 뿐인 수많은 확진자들은 내버려 두게 될 것이다. 그런 결정을 내릴 수는 없었다. 백번 양보해 전자들만 돕는다는 것은 그들에게 낙인을 찍는 일이기도 하다.[12]

코로나바이러스의 경우는 판연히 다르다. 확실히 슈퍼 전파자들 대부분은 심지어 아프지도 않다. 그들은 무증상 확진자들인 것이다. 오직 전방위적 테스트로만 그들이 확진자임을 밝

---

11   Albert-László Barabási, *Linked, op. cit.*, p. 140.

12   주어진 자원으로 치료를 선택하게 되는 환자들의 '선별'이 제기하는 윤리적 문제에 관해서는 [7]을 참조.

혀낼 수 있다. 치료 없이 그들을 '무력화한다'는 것은 검사를 통해 그들을 격리시키는 것일 수밖에 없다. 그러나 그들을 슈퍼 전파자로 만드는 것은 십중팔구 그들의 개인적 특성이 아니라 그들이 처해 있는 상황이나, 그들이 연루되었던 사건이다. 예컨대, 프랑스에서 격리 해제에 뒤따르는 시위, 행동의 자유를 위한 대형 집회들로 인해 여러 곳에 수많은 군중이 모였다. 이들은 종종 젊거나 나이 어린 사람들이었는데 마스크 착용도 하지 않고, 서로 다닥다닥 붙어 있었다. 이렇게 행동하면서, 이들은 자기들이 국가 전체를 바이러스가 최단 시간 안에 퍼질 수 있는 국소세계로 만드는 데 성공했음을 의식하지 못했다. 에이즈의 경우와는 다르게, 정부는 이 허브들을 억제하는 데 상당한 진전을 볼 수 없었다. 아울러 정부는 감히 젊은이들에게 낙인을 찍을 생각도 할 수 없었다. 동성애자들만이 에이즈를 전파한다고 믿었던 시기에 그들을 특별한 존재로 만들 수 없었던 것 이상으로 말이다. 그러나 바이러스는 이러한 늑장을 즐긴다.

12

—

코로나
회의주의,
4개월 후

12

코로나 회의주의, 4개월 후

2020년 9월 13일

6일간의 휴가에서 돌아오자마자 라디오를 켰는데, 프랑스 퀼튀르의 아침 방송이 나왔다. 기욤 에르너Guillaume Erner는 팬데믹을 주제로 대담자 한 사람을 초대했는데, 다름 아닌 앙드레 콩트 스퐁빌(ACS)이었다. 그는 4개월 전에 했던 말을 정확히 반복했다. [2] 보건 위기는 완전히 성격을 달리 해서 전개되었지만, 그는 여기서 아무것도 배우지 못했다. 예측 가능했던 일이 일어났고, 부실하게 통제된 격리 해제가 촉발한 방임주의가 매서운 전염의 회귀를 일으켰다. R 지수(신규 확진자 각자가 평균적으로 일으키는 감염자 수)는 현재 분명 1보다 크다. 이는 연쇄 반응이 더욱 격렬하게 다시 시작되었다는 뜻이다. 1일 신규 확진자 수는 하루하루 증가했다. 당장에는 사망자 수가 상승세를 보이지는 않았다. 이 점 역시 예상된 것이었다. 가장 젊은 이들이 훨씬 전부터 가장 무관심한 이들이었다. 그들은 자기들이 무릅썼던 위험이 크지 않은 데다 아주 미약한 것이었음을 알게 되었다. 심지어 바이러스에 감염되더라도 증상이 거의 없거나 전혀 없다는 사실도 알게 되었다. 또한 자기들이 확진자일 수 있고 부모나 조부모에게 옮길 수 있다는 것도 알았[거나 알아야 했]다. 그들의 부모와 조부모가 이번에는 감염의 사슬을 강화하게 될 것이다. 입원자 수가, 다음에는 중환자실로 들어가는 환자 수가, 다음에는 사망자 수가 차례로 증가할 것이다. 세계 상황을 보면 이 과정이 확인된다. 거친 캐릭터인 브라질과 미국 외에도, 스페인의 경우가 교과서적이었다. 스페인은 격리를 멋지게 성공시켰다. 그러나 격리 해제를 너무 서둘렀고, 현재 1일 신규 확진자 증가에서 세계 기록을 깼다. 오직 스페인만이 이 위기의 가혹한 진실을 고스란히 보여주었다. 경제를 살리려면 바이러스에 대항한 투쟁에 우선권을 주어야 한다. '벌거벗은' 생명을, 날것 그대로의 생명을을 보호하는 행위는 흔히 우월하다거나 진짜라고들 하는 유일한 삶에 '반드시 필요한*sine qua non*' 조건이다. 이 점을 발견하는 데 깊은 연구는 필요하지 않았다.

그러나 ACS는 전혀 동요하지 않은 채 이렇게 선언했다. "최근에 의사 한 분이 제게, 평균 사망 나이가 82세인데 자기는 이미 84세를 넘었다는 말씀을 하셨어요. 이삼십 대에 죽는 것보다 그 나이에 죽는 것이 덜 슬픈 일임을 받아들이세요."

신속히 검색해보니, 그가 이런 이야기를 계속 해왔다[2]는 사실을 확인할 수 있었다. 그러나 그가 이토록 조잡하기 짝이 없는 그릇된 말을 분명히 했다는 사실에, 나는 이때 처음으로 주목했다. 나로서는 정말 멋진 배움이었다. 조심할 수 있고 방심하지 않을 수 있지만, 상식에 어긋나는 '가짜 뉴스들'은 언제나 눈에 띄지 않게 넘어가고, 되풀이되고, 해석되고, 향후엔 널리 알려졌다고 전제된 사실들의 일부가 될 것이다.

우리가 말하고 있는 철학자와 다른 많은 사람들이 범했던 오류는 평균값과 확률변수의 중앙값을 혼동했다는 것이다. ACS는 분명히 '정상'이라 불리는 경우를 염두에 두고 있었다. 그것은 '정상분포곡선'이라는 익숙한 곡선의 특징을 가진 경우이다. 확률 분포는 완벽히 대칭적이어서, 이 분포상 평균값은 중앙값과 일치하고, 중앙값은 인구를 똑같은 두 부분으로 나눈다.

그러나 팬데믹으로 인한 사망 연령 분포는 이러한 구도를 전혀 따르지 않는다. 치명률이 연령에 따라 계속적으로 그리고 강하게 증가하기 때문이다. 심지어는 바로 이것이 이 바이러스의 유일한 변별적 징후이기도 하다.[1] 이로부터 나오는 결과는

---

1   미국 국립 노화연구소(National Institute on Aging, Bethesda, Maryland) 소장 리처드 호즈Richard Hodes의 견해. 75세 이상의 환자들의 치명률은 65~74세의 환자들의 치명률의 3배였다. 코로나바이러스 회의론 지식인들은 SARS-CoV-2를 진부한 것으로 만들기 위해, 그 바이러스가 일으키는 질병의 중대성을 최소화하는 것과 동일한 방식으로 전력을 다하고 있다. [3] 이 두 경우 모두 그들은 잘못 생각하고 있으며, 독자들을 속이는 것이다.

중간 나이가 평균 나이보다 높다는 것이다.[2] 실제로 중간 나이는 84세이지만 평균 나이는 약 74세로, 프랑스인의 기대 수명보다 훨씬 낮은 수치이다. 중간 나이와 평균 나이 사이의 상당한 격차는 그저 사망자들이 고령에 집중되어 있음을 의미할 뿐이다. 그러나 이것은 아주 젊은 나이에는 코로나바이러스로 죽지 않는다는 뜻은 전혀 아니다. 2020년 3월 1일부터 8월 말까지 사망자의 25%가 45~74세라는 연령대에 집중되었다.

이 격차는 파리와 일드프랑스l'Île-de-France처럼 감염이 가장 집중된 지역에서 훨씬 더 도드라지게 나타난다. 9월 초에 이곳 환자들의 평균 나이는 60여 세였다. 확실히 모든 사람이 죽지는 않을 것이다. 그러나 죽음만이 이 재앙의 유일한 출구는 아니라는 사실을 기억해야 할 충분한 이유가 있다. 중환자실을 거쳐 결국 살아 남았던 많은 사람들은 폐, 심혈관계, 두뇌에 타격을 입은 나머지 완치 판정을 받고 퇴원한 지 얼마 후 심각한 발병을 경험했다. 만성피로와 끈질긴 호흡곤란 같은, 일상생활에 장애를 줄 수 있는 증상들을 의료계는 오진했고 거의 알아차리지도 못했다. 바이러스가 인체에 더는 존재하지 않아도 그 증상은 사라지지 않으니 환자는 자기가 상상병 환자가 아니라 정말 증상이 있다는 점을 주장하기 어렵다. 그런데 이 상황은 새로운 것이 아니다. 에이즈처럼 자가면역질환이라고 불리는 질

---

2 이 증명의 추론은 기하학의 도움을 받으면 한 줄로 가능하다.

환에 노출되었을 때도 이러한 상황이 나타난다. 이 경우 살인 자는 바이러스가 아니라, 자기와 비자기를 구분하고 비자기를 공격해서 자기를 더 잘 지키는 기능을 수행할 수 없게 된 면역체계이다. 의료계는 코로나19가 이 범주에 속한다는 점을 여전히 인정하기 어렵고, '과도 염증 급성 발현'이나 '불균형한 염증 반응' 같은 완곡한 표현들을 선호한다. 어쨌든 이 바이러스는 죽음을 부르는 것만이 아니라 삶을 손상시킬 줄도 안다.

일반적인 지혜(사실 널리 퍼진 어리석음이겠는데)는 통계학이 모든 것을 말해줄 수 있다고 생각하는 것이다. 평균값과 확률변수의 중앙값들 간의 차이 같은 본질적인 차이를 많은 이들이 모른다는 것은 사실이다. 물론 이 용어들의 의미를 모른다고 전혀 부끄러운 일은 아니다.[3] 그러나 한 유명한 철학자의 말을 인용해본다면, 말할 수 없는 것에는 침묵하는 편이 낫다.[4]

이튿날 나는 ACS가 직접 서명을 해서 보낸 그의 최근작

---

3   내가 여기서 혼동했다고 비난하는 것은 '일반상식'이라고들 하는 영역에서 빅토르 위고가 프랑스대혁명 이전 사람인지 이후 사람인지의 문제에 오답을 말하는 것과 같은 종류의 것이기는 하다. 어찌하여 위고가 프랑스대혁명 이전의 사람이라고 잘못 대답하면 교양 없다고 말하면서 평균값과 확률변수의 중앙값을 혼동하는 경우에는 어깨를 으쓱하고 마는가? 이는 심각한 문제이다. 과학과 기술의 민주주의 가능성은 우리가 내세우는 대답에 달린 것이기 때문이다.

4   [역자 주] 비트겐슈타인이 《논리철학논고》에 썼던 말.

《몽테뉴의 사랑 사전 *Dictionnaire amoureux de Montaigne*》[5]을 우편으로 받았다. 몇몇 항목을 읽어보고 나는 그가 이러한 종류의 시도에 뛰어난 사람임을 확신했다. 〈지식connaissance〉이라는 표제어에서 ACS는, 몽테뉴는 "유년기에 고작 과학의 껍질만 핥았을 뿐이었고, 과학의 일반적이고 모호한 모습만 기억했다. 그래서 조금씩은 다 알지만 전체는 전혀 모른다"라는 말을 인용[6]하고는 이를 다음과 같이 해석한다. "나는 이 마지막 말이 재미있고 감동스럽다. 나도 그와 같다는 것을 안다. 그는 나보다는 덜 그 점을 자책한다. 그가 옳다. 그가 검토하는 것은 자신의 판단이지 자신의 지식이 아닌 것이다."[7] 분명히 그렇다, 하지만 내 비판에서 중요한 것은 지식이 불충분하다는 것이 아니라 개념을 혼동한다는 것이다. 우리가 철학이라고 부르는 것은 과학이 아니라 개념들의 학문이다. 몽테뉴를 좋아하는 만큼 파스칼도 찬미하는 ACS라면 이 점에 동의하지 않을 수 없을 것이다.

---

5 Paris, Plon, 2020.

6 Montaigne, *Essais*, éditions Villey-Saulnier, Paris, PUF, 1965, I, 26, 146.

7 *Dictionnaire amoureux de Montaigne, op. cit.*, p. 135.

13

문제의
파국주의

13

문제의 파국주의[1]

이 일기를 쓰는 동안 나는 내 '계몽적 파국주의'가 이 팬데믹과 어떤 지점에서 연관되는지 더 잘 이해되도록 말해줄 수 있느냐는 부탁을 여러 번 받았다. [4]에서 나는 내가 왜 이 작업이 이번 팬데믹 상황에 적합하지 않다고 판단했는지 설명했다. 이 장에서도 마찬가지이다. 분명 이 개념은 다가올 파국에 대한 지식을 신념으로 바꿀 수 없음을 밝혀준다. 그러나 정확히 말해서, 우리는 코로나바이러스로 인해 다가올 파국을 맞게 되는 것이 아니라, 이미 그 파국 속에 완전히 들어와 있다.

깊이 생각해보니, 나는 적어도 세 가지 이유에서 팬데믹 '이전에' 파국주의에 관해 썼던 글을 이 일기에 포함시키는 것이

---

1   이 표제는 2020년 2월에 쓴 것으로 같은 해 11월 11일 온라인 저널 *AOC* 에 "붕괴주의자들과 복된 낙관주의자들에 맞서 개화된 파국주의를 재확인하기(Contre les collapsologues et les optimistes béat, réaffirmer le catastrophisme éclairé)"라는 제목으로 실렸다.

유용하다고 판단했다. 그때 나는 여전히 브라질에 있었다. 첫째, 많은 사람들이 지적했던 것처럼, 인류가 이 보이지 않는 바이러스라는 적과 악전고투하고 있다고 해서 코로나 이전에 인류의 미래를 짓눌러 왔던 위협들이 사라져버린 것은 아니다. 내가 20년 전부터 연구해 온 위협, 그러니까 기후변화와 핵전쟁의 위협은 더없이 심각한 것으로 보인다. 둘째, 내 작업의 형이상학적 차원에 관련된 것으로서, 어떤 특수한 의미로 볼 때 계몽적 파국주의는 미래를 비록 운명적인 것까지는 아니더라도 '필연적인' 것으로 만드는 파국이 닥치기 전까지 아직 시간이 남아 있다는 발상에 근거한다. 그런데 우리는 2000년의 궤변에서도 아직 시간이 얼마간은 남아 있다는 생각이 개입해 있었음을 기억하고 있다. [5] 그러므로 이 일기와 내 이전 작업 사이에는 내가 상상하는 것보다 더 깊은 관계가 있다. 셋째, 아래의 설명(이것이 가장 중요한 것이다)은 내가 한 번도 이해시키는 데 성공하지 못했던 내 파국주의의 한가지 면모를 강조해 준다. 그 면모는 행복에의 약속에 달려있다.

1. 내가 여러 미디어에서 붕괴학자들을 매우 과격하게 비판한 사실이 놀라움을 일으키고 충격까지 준 듯하다. 모두가 나를 적어도 그들과 같은 '파국론자catastrophiste'로 간주했던 것이다. 게다가 붕괴학자들도 나를 긍정적으로 언급하지 않았던가? 하지만 바로 그때가 내가 그들을 훈계하고, 그들이 제시하

고 있다고 생각하는 대의의 가치를 실은 그들이 손상했다고 비판하며 그들과 멀어졌을 때였다.[2] 사실 나는 오래 전부터, 행복을 맹신하는 이들, 복된 낙관주의자들이라고 불리는 이들, 그러니까 전투적인 반反파국주의 때문에 우리가 자살 레이스에 들어서 있다는 명백한 사실을 부정하는 모든 이들을 비꼬는 한 논문을 통해 내 말에 균형을 잡아볼 계획을 하고 있었다. 그런 이유에서 나는 붕괴론자들의 저작들을 읽었다. 하지만 독서를 끝냈을 때는 얼떨떨한 상태가 되었는데, 대부분의 저작은 수치스러울 정도로 형편없어서 그 책들의 제목[3]과 저자의 이름을 거론하는 일이 그들에게는 지나친 영광이 될 정도였다. 그러니까 파국주의를 비판하려면 무지해야 하고, 부정직해야 되고, 바보가 되어야 할까? 생태학이 내세우는 증오심은 정말 해로운 것이어서, 인정받는 저작을 쓸 수 있는 저자들에게서 비판적인 눈이나 직업 윤리를 없애버리는 것일까?

반파국주의 담론이 모두 똑같은 것은 아니라고 나는 서둘

---

2 특히 2019년 10월 22일자 *AOC*에 발표한 '파국주의 생태학의 단순주의 Simplismes de l'écologie catastropiste'라는 제목의 논문의 내용이다.

3 이 제목들이나 부제들은 모두 "묵시록과 단절하기 위해서Pour en finir avec l'apocalypse", "비관주의의 비이성 반대Halte à la déraison catastrophiste", "세상의 종말은 임박하지 않았다La fin du monde n'est pas pour tout de suite"(이것들은 그러한 제목이 가능할 수도 있다고 억측하지 않으면서 내가 고안한 제목들이다)와 같은 식으로 거의 비슷한 형태를 갖는다.

러 부언한다. 가장 견고한 반파국주의 담론들은, 까다로운 합리성의 규범에 집착하면서 끔찍한 현실을 정면에서 바로 보자고 주장하는 나 같은 사람들에게는 어떤 신중한 도전을 연상시킨다.[4]

붕괴론자들과 반파국주의자들 사이에는 거울 놀이 같은 것이 생겼다. 이런 일을 보면, 붕괴론자들은 가장 근본적인 파국주의 비판론이 옳다고 인정하기라도 하는 것 같다. 설령 붕괴론자들이 존재하지 않았더라도, 반파국주의자들은 그들을 만들어냈을 것이다. 이들 반파국주의자들이 더 잘 태우기 위해 만들어낸 밀짚 인형이 실제로 존재하게 되었다. 그러나 극단주의자들이 늘 그렇듯, 이 두 집단 사이에는 몇몇 공통점이 나타난다. 나는 적어도 그중 세 가지를 발견한다. 첫째, 마주 보고 있는 모든 상대방들은 한가지 파국의 형식, 즉 붕괴학의 어떤 다른 변종밖에 없다고 여기는 경향이 있다. 붕괴론자들에게 이것은 놀랄 만한 것이 아니다. 그러나 그들을 비판하는 이들도 사정은 같다. 마치 합리적이거나 계몽적인 파국주의란 존재할 수도 없다는 듯 생각하는 것이다.

---

4   내가 그들 중 많은 이들과 간혹 본질적인 지점들에 동의하지 않지만 내게 도움이 된 비판을 했던 연구자들 가운데 카트린과 라파엘 라레르Catherine et Rapaël Larrère, 미카엘 푀셀Michaël Foessel, 뤽 페리Luc Ferry, 제랄드 브로너Gérald Bronner, 히삼 스테판 아페이사Hicham-Stéphane Afeissa와 몇몇 다른 사람들이 있다.

두 번째 공통점은 양쪽 모두 오늘날 불행을 예언하는 자의 역설적인 역할을 생각할 수 없다는 점이다. 양쪽 모두 독일의, 파국주의의 정초자들인 한스 요나스와 귄터 안더스Günter Anders의 다음과 같은 문장들을 인용한다.

한스 요나스

"'불행의 예언은 그 예언이 실현되는 것을 피하고자 행해졌다.' 잠재적인 위험이 있음을 경고했던 나팔수들에게 최악의 일은 일어나지 않았다는 점을 상기시키면서 그들의 그릇된 경고를 조롱한다면 그것은 극도로 부당한 일일 것이다. 그들의 실수가 그들의 공적이 될 수도 있다."[5]

귄터 안더스

"우리가 고전적 유대-그리스도적인 묵시론자들과 변별성을 가진다면, 그것은 우리가 종말(묵시론자들이 희망했던)을 두려워하기 때문일 뿐만 아니라, 무엇보다 '우리의 묵시적 정념의 목적은 묵시론적 종말을 막는 것과 다른 것이 아니기' 때문이다. 우리가 묵시론자인 것은 오로지 틀리기 위

---

5 Hans Jonas, *Le Principe responsabilité. Une éthique pour la civilisation technologique*, Paris, Flammarion, coll. Champs, 1995, p. 233(강조는 필자).

해서이다. 매일 다시금 그곳에 존재할 기회를 누리기 위해서 우리는 우스꽝스럽지만 항상 서 있어야 한다."[6]

붕괴론자들이 인용은 해도 존중하지는 않는 이 철학에 비추어볼 때, 그들은 묵시론적 종말이 확실하다고 판단하면서도 그것을 막기 위해서 아무것도 하지 않으면서 오히려 '붕괴'를 막는 투쟁을 포기했다고 말할 수 있을 것이다. 파국주의 비판론자들은 오리라 예고된 파국에 맞서 의식의 눈을 뜨게 만드는 자의 비극을 너무도 자주 인정하지 않는다. 만일 그 자가 유능한 자이고자 하고 자신의 말로써 불행이 일어나지 않게 하고자 한다면, 자기는 실현되지 않으리라는 것을 알고 있는 미래를 공개적으로 선언해야 한다는 의미에서, 그렇기에 그 말을 해야 한다는

6 Günter Anders, *Le Temps de la fin*, Paris, L'Herne, 2007, p. 88(강조는 필자).

점에서[7] 그는 거짓 예언자가 되어야 한다.[8]

---

7   이러한 이해 부족을 예시하는 아주 다른 두 책이 있다. 에세이스트 파스칼 브뤼크너Pascal Bruckner는 그의 팸플릿 《묵시록의 광신 *Le Fanatisme de l'apocalypse*》(Grasset, 2011)에서 대단히 신속히 파괴점에 이르는 기술을 진부할 정도로 사용한다. 목적의 중요성 앞에서 그가 몸을 움츠린다는 것은 틀림없지만 그는 자기가 이해하지 못하는 것을 조롱한다. 내가 앞에 언급했던 안더스의 인용문을 지적하면서 그는 거기서 거짓 겸손의 표시만을 본다. 이 일이 겸손과는 아무 상관이 없고, 유능한 예언자는 정말이지 할 수 없이 틀릴 수밖에 없음을 이해하지 못하는 것이다. 마찬가지로 내가 가져왔던 요나스를 인용하면서 그는 다음과 같이 빈정거린다. "얻는다는 것은 잃는 것일 수 있겠지만, 잃는 것은 얻는 것이다." 불행의 예언의 악의적인 논리학을 이해할 수 없는 것이다. 미카엘 푀셀의 책 《세계의 종말 이후. 묵시록적 이성 비판 *Après la fin du monde. Critique de la raison apocalyptique*》(앞의 책)은 다른 기법으로 쓴 것으로, 이번에는 진짜 철학자의 책이다. 그러나 푀셀은 파국주의자들로 하여금 "현대의 묵시록 저자는 '틀리고자 하는 열정la passion d'avoir tort'에 고무된다"(p. 30)고 말하게 한다. 아니다. 오늘날의 합리적인 파국주의자에게는 우스꽝스러워져보고자 하는 열정이 전혀 없다. 그는 설령 이를 위해 형편없는 예언자, 즉 거짓 예언자로 보이게 되는 값을 치러야 할지라도 파국을 피하고자 한다. 그것은 전혀 같은 것이 아니다.

8   성경과 관련해서 신명기는 우리에게 진정한 예언자를 인정하는 유일하고 진실한 기준은 그의 말이 이루어지고, 그의 예언이 정확하다는 것이 드러나는지에 있다고 가르친다. "너는 아마 마음속에서 이렇게 말하리라. 야훼가 하지 않은 말을 우리가 어찌 알랴? 예언자가 야훼의 이름으로 '그가 말한 것이 일어나지 않고 생기지 않는다면 이는 야훼가 하지 않았던 말이다'라고 할 때 예언자가 너는 그것을 두려워 말라! 라고 한 것은 자만 때문이다"(신명기, 18장 21-22절). 예언이 실현되지 않는다는 것은 그것이 신에게서 온 것이 아니라는 점을 증명한다. 세속 사회에서는 바로 이 기준으로 허풍선이들과 다른 예언자들이 구분된다.

마지막으로, 자기 만족에 빠진 맹인들만큼이나 들들 볶기만 하는 파국주의자들은 심연을 향한 걸음을 재촉한다. 맹인들은 다른 곳으로 고개를 돌리면서 그렇게 하지만, 파국주의자들은 우리가 그 걸음을 멈추게 할 수 있다는 사실을 배제하면서 그렇게 한다.

2. 그렇다면 요나스와 안더스가 권하는 유형의 예언 결과를 어떻게 분석할 수 있을까?

사람들의 행동방식을 바꾸기 위해서 재난 발생 가능성이 있는 미래를 고지하는 한편, 이 미래가 실현되지 못하게 하는 일은 특별히 논리적이거나 형이상학적인 문제를 그 자체로는 전혀 제기하지 않는다는 점에 주목하자. 대대적인 예방 사례가 이 점을 보여준다. 오늘날에는 여기에, 확실한 원칙을 따르는 대비를 추가할 수 있을 것이다. 예방은, 그것이 공적 담론으로 표현될 때, 미래가 어떻게 될지가 아니라 사람들이 행동방식을 바꾸지 않는다면 어떻게 될지를 예고한다. 반면, 대비는 예언자인 척하는 데 적합하지 않다.

그렇다면 한 예언자를 예언자로 만드는 것은 무엇인가? 그것은 그 예언자가 자신을 앞으로 있을 유일한 미래를, 라틴어와 영어의 의미 그대로 '실제적actuel'이라고 할 수 있는 미래를, 즉 '우리의' 미래를 예고하는 사람으로 자신을 드러내는 것이다.

그때 한스 요나스식의 예언은 요나Jonas[9]의 이야기에서처럼 얼핏 보기엔 극복할 수 없는 문제를 제기한다. 요나는 성경에 나오는 기원전 8세기 예언자이다.

> 야훼의 말이 아미타이의 아들 요나에게 이러한 말로 다가왔다. "일어서라! 대도시 니네베로 가라. 가서 그들의 악이 내 눈앞까지 올라왔음을 도시 사람들에게 큰 소리로 알려라." 요나는 야훼의 얼굴을 멀리하고 타르시스로 떠났다.

신은 요나에게 영원한 신이 보는 앞에서 죄를 저지른 니네베의 몰락을 예언하라고 명령한다. 하지만 요나는 예언이라는 과업을 수행하는 대신 달아난다. 왜 그랬을까? 이 단계에서 이 질문은 대답 없이 남는다. 이 이야기가 어떻게 이어지는지 모르는 사람은 없다. 요나는 외국 배를 타고 타르시스(지브롤터 해협)로 간다. 징벌의 대폭풍이 일고, 제비뽑기로 요나의 죄가 드러난다. '요나의 요구로' 수부들이 그를 물속으로 던져 야훼의 분노를 누그러뜨리고자 한다. 그러자 자비로운 큰 물고기가 그를 삼켰다가, 3일 낮 3일 밤이 흐른 뒤 마침내 그를 메마른 땅 위에 토해낸다. 그런데 이 이야기의 마지막 부분을 기억하는가?

---

9   한스 요나스가 이 예언자의 이름을 갖고 있다는 사실은 이 이야기를 모호한 채 남기게 되는 암시 중 하나이다.

왜 요나가 신에게 불복종했는지 이해할 수 있는 부분이다. 유능한 예언자로서 요나는 자기가 예언했을 때 무슨 일이 일어나게 될지 미리 예측했던 것이다! 일어날 수도 있을 일이 지금 일어나고 있다. 그런데 야훼는 두 번째로 그에게 니네베의 몰락을 예언하라는 명령을 내리고, 요나는 이번에도 복종하지 않으면 어떤 대가를 치르게 될지를 알아차리고는 그의 명령에 복종한다. 니네베 사람들은 회개하고 개종하며, 신은 그들을 용서한다. 그 도시는 결국 위험을 피했다. 그러나 요나에게 이 사건은 그를 정말 '애먹었던' 쓰라린 실패였다. 텍스트는 우리에게 이렇게 말하고 있다.

우리는 이러한 유형의 예언을 자기실현의 예언prophétie auto-réalisatrice이면서 동시에 자기장애의 예언prophétie auto-invalidante이라고 말할 수 있다.

예컨대, 성경의 예언자처럼 전통적인 예언자는, 그 자신의 예언의 성격이 무엇이든, 공인이자 주목받는 사람이자 명성이 자자한 사람이다. 모든 사람이 그의 말에 깊은 주의를 기울이고, 그 말을 진실로 여긴다. 신이 사람들로 하여금 그 예언을 듣지 못하게 만들었던 트로이 사람 라오콘이나 그의 누이 카산드라와는 정반대이다. 진짜 예언자가 되고자 하는 사람은 미래를 예언하면서 자신의 말이 사람들의 행동방식에 미칠 영향을 고려해야 한다. 그가 예고해야 하는 미래는 자신의 말에 귀기울이는 사람들이 문제의 미래를 함께 조형하는 미래로서, 어쨌든 그 미래의 실현을 막지 않는 미래이다. 수학, 논리학, 형이상학에서 우리가 고정점un point fixe 찾기라고 부르는 것이 바로 이것이다. 이러한 고정점의 유형은 외부에서 주어지는 것이 아니라 (라이프니츠의 신처럼)[10], 예언자와 그의 예언의 대상인 민족[국민]들 사이의 관계의 총체가 산출한 하나의 창발이다. 나는 이러한 유형의 고정점을 가리키기 위해 '내생內生 고정점point fixe endogène'이라는 표현을 제안했다.[11]

달리 말해, 예언자는 고정된 미래, 즉 행위자들의 행동과 독립되어 있는 미래, 요컨대 운명적인 미래를 예언한다고 주장한다. 하지만 실제로 그는 자기 말을 듣는 사람으로 하여금 미래가 일단 예언되면 행위자들이 반응하여 만들게 되는 그러한 미래에 자리 잡게끔 그들의 반응을 미리 고려한 것이다. 이 방법은 행위자들이 자신이 그러한 계획에 참여하고 있음을 모르기 때문에 그만큼 더 잘 작동한다. 행위자들은 예언자의 말이 미래의 모습을 말해준다고 주장한다. 예언자가 고정점에 들어섰다면 현재가 된 미래는 행위자들과 모순되지 않을 것이다. 더

---

10   초기 미셸 세르가 《라이프니츠의 체계와 그의 수학 모델 *Le Système de Leibniz et ses modèles mathématiques. Etudes, schéms, points*》(Paris, PUF, 4e édition, 2002 ; 초판은 1968)에서 종합한 탁월한 연구를 참조.

11   Jean-Pierre Dupuy, 《사회과학개론. 집단 현상의 논리학 *Introduction aux sciences sociales. Logique des phénomènes collectifs*》, *op. cit.*를 참조.

욱이 이 미래가 예언자가 도래하기를 원했던 미래라면, 그것이 좋은 미래이기 때문이든 재앙을 피하기 때문이든, 누가 그 예언자를 의심할 생각을 하겠는가? 그때 그 행위자는 형이상학적 우회의 수단을 동원해서 이성적으로 행동할 것이다.

예언자는 자기실현의 예언의 논리를 기대한다. 그때 불행을 내다보는 예언자의 도전은 매우 특이한 방식으로 나타난다. 자기실현의 예언의 용어로써 자연이 제시하는 자기장애의 예언의 문제를 해결해야 한다. 이것이 '계몽적 파국주의'를 주제로 했던 내 책이 정했던 목표였다. 바로 이 점에서 나는 예언자를 우스꽝스럽게 만들기는 해도 삶을 구했다고 자부하게 되는 자기장애의 예언의 수준에 머물렀던 요나스와 안더스로부터 멀어졌다. 아쉬운 일이지만, 사람들이 항상 나를 요나스와 결부시키곤 해서 내가 그렇지 않다는 점을 이해시켜보려고 했지만 결국 성공하지 못했던 본질적인 지점이 바로 이 지점이다.

3. 지금까지 우리는 고립된 예언자, 집단의 운명에 대해 말하면서 그 집단 외부에 있는 예언자의 경우를 검토했다. 자신의 미래를 포함하는 그 예언자의 주제에 관해 모든 것을 알기 위해서 우리는 그 예언자에게 충분히 바투 다가가봤다. 그런데 이 예언자의 방식은 루소가 언급한 입법가의 방식과 다소 비슷하다. 집단 스스로가(어쨌든 그 집단의 대표자들이) 예언자의 태도를 취하는, 훨씬 더 민주적인 버전이 존재하는 것이다. 이 경

우, 미래를 예견한다는 것(마치 운명론처럼 미래가 별들 속에 기록되었기라도 하듯)과 미래를 객관적인 것으로 고정하는 것(의지론)이 모순을 유지하면서도 일치한다. 일단 미래가 결정되면, 모든 사람은 미래가 인과법칙에 따라[12] 그 참조점에 의존한다는 것을 알면서도, 그 미래를 고정되고 만질 수 없는 참조점, 즉 현재의 행동들과 무관한 참조점으로 간주한다. 말하자면, 모든 사람은 미래를 운명으로 만들지 않고서도 필연적인 것으로 간주한다.[13] 그것은 모든 사람이 받아들이는 관례[14]인데, 그것은 그들 스스로 그 관례를 받아들이기 때문이다.[15]

홀로 살아가는 개인의 예언처럼 이 관례가 무엇이 되든 상

---

12 철학에서 미래는 현재의 행동과는 무관한 '반反사실적으로contrefactu-ellement' 보이는 반면, 그 미래는 '인과법칙에 따라causalement' 현재의 행동에 의존한다. 이러한 종속성들 간의 비병행론non-parallélisme은 논리적인 불가능성에 부딪히지 않는다.

13 미래가 필연적이라고 말한다는 것은, 미래의 모든 사건들이 필연적으로 산출된다는 것을 말한다. 그 사건들이 산출되지 않기란 불가능하다. 미래가 필연적이라고 말하는 것과 결코 산출되지 않을 모든 사건은 불가능하다고 말하는 것은 동등한 것이다(하지만 증명이 필요하다) [5].

14 데이비드 K. 루이스가 그의 책《관례 Convention》(Hoboken (NJ), Wiley-Blackwell, 2008)에서 데이비드 흄을 따라 이 용어에 부여한 기술적인 의미로 썼다.

15 내 책《경제의 미래 L'Avenir de l'économie》(앞의 책)에서 나는 사회의 이러한 조절 양상을 '미래에 의한 협조coordination par l'avenir'라고 명명했다.

관없다는 것은 아니다. 이건 확실하다. 예언은 '종료된' 후에야 그것이 옳았다고 주장할 수 있다. 다시 말해 어떤 이들은 예언자의 의견에 저항할 수 있는 것이다. 고지된 미래에 대한 이러한 반작용 때문에 그 미래의 인과적 실현이 막혀서는 안 된다. 달리 말해, 예언은 내생 고정점이어야 한다. 긍정적인 사례로, 나는 프랑스 5개년 계획을 들었다.[16] 당시 이 계획의 슬로건은 협의와 연구를 통해 그 실현을 보고 싶을 만큼 충분히 매력적이고, 우리가 그것에 이를 수 있다는 여러 이유를 가질 만큼 충분히 믿을 수 있는 미래의 이미지를 얻자는 것이었다. 따라서 예언이란 종료되어야 한다는 것이 필수불가결한 조건이니, 그렇지 않다면 그 어떤 유토피아든 무슨 상관이겠는가?

불행을 내다보는 예언의 역설적인 논리라는 문제를 나는 그런 태도에서 찾는다. 파국을 고지하면 취하게 되는 행동방식을 통해 피하는 데 성공할 수 있는 그러한 파국을 예언하는 방식이 정말 존재할까? 동시에 예언자가 거짓 예언자처럼 보이지 않으면서도 말이다. 자기장애의 예언을 자기실현의 예언으로 정말 유도할 수 있을까?

우리가 이미 보았던 것처럼, 미래에 대한 상반된 두 유형의 예언 간의 관계는 불가항력적 파국이 일어날 가능성을 키운다. 행복한 낙관주의자들은 '행위자들이 무슨 일을 하든' 인류는 항

---

16   Cf. Jean-Pierre Dupuy, *Pour un catastrophisme éclairé, op. cit.*

상 최악의 상황만은 벗어난다는 원칙의 가호로 모든 일이 개선될 것이라고 본다. 들들 볶기만 하는 파국주의자들(붕괴론자들)은 자신들이 붕괴라고 부르는 일이 '확실히' 일어날 것이라고 예고한다. 두 경우 모두 행위자들의 행동을 무력화하면서 파국의 가능성을 강화하는 데 기여하지만, 후자의 경우 그것은 예언의 방향을 향하고, 전자의 경우는 예언의 반대 방향을 향한다.

제2차 세계대전 종전 당시 인류가 직면했던 이중의 난관에 대해 독일 철학자 칼 야스퍼스Karl Jaspers는 다음과 같은 놀라운 생각을 내놓았다.

> 누구든 임박한 전쟁을 '확실한' 것으로 간주하는 사람은 정확히 그가 전쟁을 확신함으로써 전쟁 발발에 기여한다. 누구든지 평화를 '확실한' 것으로 간주하는 사람은 무심히 행동하고 그 자신은 원치 않겠지만 우리를 전쟁으로 이끈다. 위험을 보고, 단 한 순간도 그 위험을 잊지 않는 사람만이 이성적으로 행동할 수 있고, 그 위험을 몰아내기 위해 최선을 다할 수 있음을 보여준다.[17]

17   Karl Jaspers, 《역사의 기원과 목적 *Vom Ursprung und Ziel der Geschichte*》, Munich/Zurich, R. Piper & Co. Verlag, 1949(필자의 번역과 강조).

파국이 진행 중임을 예언하는 일은 불시에 파국이 닥치게 하는 데 기여한다. 복된 낙관주의자들의 방식으로 파국을 묵과하거나 그 중요성을 최소화하는 일도 동일한 결과를 빚어낸다. 필요한 일은 이 두 방식을 결합하는 것이다. 즉, 파국이 나타났을 때는 억제력의 역할을 하도록, 파국이 나타나지 않았을 때는 희망을 보존하도록 이 둘을 '중첩시킬' 필연적인 미래를 예고하는 것. 양자역학에서 이러한 유형의 중첩은 '미확정(독일어로는 *Unbestimmtheit*)'의 표지이다. 여기서 어떤 유사성을 제시한다면 지나치게 많은 문제가 생길 것이므로, 그 대신 나는 그러한 미래를 특징으로 하는 철저한 불확실성의 전형을 가리키기 위해 이 용어를 수용하자고 제안했다. 그 불확실성은 개연적일 수가 없는 것이, 개연성은 보류를 전제하는 반면 반드시 도래할 미래는 몇몇 국면만을 인정하기 때문이다. 더욱이 파국에 부여된 '무게'는 가능한 작아야 하고, 세계 핵전쟁 같은 중대한 파국의 경우 그 무게는 점차 0으로 귀결하거나 무한소가 되어야 한다. 그때 불행의 예언은 '이 무한소의 차이로써' 자신의 기획을 성취할 것이다.[18]

---

18 다음의 세 권의 책이 내 성찰의 단계들을 보여준다. *Pour un cata-strophisme éclairé, op. cit.* ; *L'Avenir de l'économie, op. cit.* ; *La guerre qui ne peut pas avoir lieu*, Paris, Desclée de Brouwer, 2019.

4. 나를 이러한 설명으로 이끌어가는 문제는 더없이 해결하기 힘든 것이다. 다행히 나 혼자 이 문제를 연구하는 것은 아니다. 이 연구는 정말이지 도전적인데, '어떻게 필연적이면서 동시에 미확정인 미래를 생각할 수 있을까'라는 문제를 다루기 때문이다.[19]

여러 상태들이 중첩되어 있으므로 미확정이 생긴다는 점을 다양한 방식으로 이해할 수 있다. 여기서는 예전의 작업에서 끌어낸 두 가지 사례만 이야기해보겠다.

a) '목표에 가까운 성과near miss/near hit'라는 개념은 핵 전략가들에게는 익숙하다. 냉전 중과 그 이후에도 수십 번이나 우리는 핵전쟁 발발을 '간발의 차'로 모면했다. 핵 억제력을 신뢰했던 것일까, 소극적이었던 것일까? 두 답변은 동시에 옳다. 케네디 대통령과 존슨 대통령 시절 국방부 장관이었던 로버트 맥나마라Robert McNamara는 억지력은 비효율적이라는 결론을 내렸다. 그는 이 주제에 관해 "우리는 운이 좋았다"라는 다분히 은어 투의 표현으로 말했다. 이 결론은 지나치게 성급한 것이 아닐까? 반대로 우

---

19 베르그손의 가능성처럼 필연성은 그저 회고적일 수밖에 없다. 산출된 한 사건이 필연적이 되는 것은 그것이 과거 속에 들어가기 때문만이 아니라 그 사건이 항상 필연적일 것임이 사실이 '되기' 때문이다.

리는 핵 호랑이와 함께 반복된 일시적 화해, '발생하지 않았던 종말', 습관, 자기 동의, 무관심, 냉소주의, 어리석은 짓, 최악은 피하게 되리라는 행복한 믿음으로 표현되는 위험으로부터 핵 억지력이 우리를 보호해 주었다고 말할 수는 없을까? 블랙홀과 너무 가깝지도 너무 멀지도 않기, 심연에 가까운 '동시에' 거리를 두기—냉전에서 끌어낼 수 있는 교훈은 이러한 것이었다.

여기서 내 생 고정점은 발생하지 않았던 종말이었지만, 아슬아슬하기는 했다. 내 딸아이가 에어프랑스 AF 447기를 탑승했을 수도 있었던 상황에서 나는 완전히 제정신이 아니었다. 이 항공기의 경로는 2009년 3월 31일에 리우데자네이루를 출발해 파리로 가는 것이었고, 이 날은 똑같은 경로의 비행기가 바다 속으로 사라졌던 바로 그 전날이었다. [1,10] 그러나 내 딸이 비행기 추락 1주일 전, 1개월 전, 1년 전에 그 비행기를 탔다 해도 내가 느낀 두려움의 감정은 똑같은 것이었을까? 파국은 일어나지 않았다. 그런 일로도 항공 산업이 끝이 아니게 된다면, 그런 일은 일상다반사로 일어날 것이다. 하지만 '목표에 가까운 성과'는 이와는 다르다. 파국 자체의 이미지는 파국의 부재에 잠재되어 있었다. 그러니 이 상황 전체를 현전이면서 동시에 부재라고 말할 수 있다.

b) 필립 K. 딕Philippe K. Dick의 단편 소설《마이너리티 리포트 Minority Report》는 볼테르의 철학콩트《자디그 Zadig》에 들어 있는 생각을 발전시키면서 여기서 검토된 역설을 예시한다. 소설에서 미래의 경찰은 오늘날 우리가 만나는 모습 그대로 그려져 있지만, 주어진 지역에서 곧 일어나게 될 모든 범죄를 미리 내다보는 예측력을 보유하고 있다.[20] 이들은 세계 여러 도시에 배치되어 있다. 경찰은 간혹 범죄자가 중대한 범죄를 저지르지 못하도록 범죄가 저질러지기 직전에 개입한다. 그러면 예비 범죄인은 이렇게 말한다. "저는 아무것도 하지 않았다고요!" 그러면 경찰은 이렇게 답한다. "하지만 당신은 그렇게 할 예정이었어." 형이상학에 더 경도된 어떤 경찰은 이러한 말을 한다. "미래가 산출되지 못하게 막는다면 그건 미래가 아니야!" 그런데 내가 이 지점에서 강조하고 싶은 것은 이 단편소설의 제목이다. 예를 들어, 미국 연방대법원이나 프랑스 참사원처럼 세계의 수많은 기관들이 소수의견 제도를 따른다. 그러한 기관은 전원합의에 이르지 못하는 의견이 나왔을 때 이 사실로부터 대법원이나 참사원의 의견이 되는 다수의견에 소수 의견을 포함시키는 것이다. 필립 K. 딕의 단

---

20 Cf. Jean-Pierre Dupuy, "Le paradoxe de Zadig. Big Data et sécurité", *Esprit*, n° 460, décembre 2019.

편소설에서 예언은 프레코그Precogs(Pre-cognition을 뜻한다)라는 이름의 세 운명의 여신들이 담당한다. 여기서 셋이란 수는 매우 흥미로운데 세 명이 모두 합의를 하거나, 한 명이 둘과 의견이 다르거나, 그 둘 중 하나이기 때문이다. 소수 의견은 단지 하나의 의견만을 포함할 뿐이고 그 하나의 의견이 기 제출된 의견에 추가된다. 소수 의견은 전체 예언의 부분을 이루면서 그것과 반대되는[21] 것이다. 그래서 파스칼이 썼듯, "진리를 말할 때, 그 마지막에는 언제나 상반된 진리를 기억한다는 점을 덧붙여야 한다."[22]

예측은 되었지만 언제인지는 알려지지 않은 파국에 직면한 예언의 모습이란 이러한 것이다. 여기서는 불행이 행복에 관한 예고의 함축으로만 그려질 뿐이다. 이 행복은 불행의 회피인 것이다. 행복은 불행의 반대이면서 불행을 '포함'한다고 말할 수 있을 것이다. 만일 '포함하다 contenir'라는 동사를 '저지하다'와 '자기 안에 가지다'를 동시에 뜻하는 단어로 이해한다면 말이다.

---

21 이 역설적인 형태는 사회학자이자 인류학자였던 고故 루이 뒤몽이 '반대의 망라로서의 위계hiérarchie comme englobement du contraire'라고 정확히 명명한 것이다. Louis Dumont, 《호모 히에라르키쿠스 Homo Hierarchicus》, Paris, Gallimard, 1967, repris in coll. Tel, 1979를 참조.

22 *Pensées diverses* (Laf. 576, Sel. 479)

추신

도전의 함정

2020년 12월 15일

멈춰버린 일기는 결말 없는 영화와도 같다. 항의도 해보고, 이야기가 어떻게 끝나는지 궁금해하고, 영사기사든 우리보다 먼저 그 DVD를 빌려갔던 사람들이든, 그들에게 야유도 보낸다. 결말로 이끄는 이야기에 의미를 부여하는 것이 바로 그 결말이기 때문이다. 한 일기의 결말은 필연적으로 결말 없는 전개 중의 자의적인 단절이다. 지금 우리의 경우, 결말에는 한 가지 결론만이 제외되어 있다. 다들 우리 모두가 역부족이었다고 말할 수 있을지도 모르지만, 굳이 결론을 내릴 필요는 없을 것이다. 어떻게 해서든 결론을 내릴 상황은 아니다.

인간 생명보다 경제를 우선해야 할까? 경제라는 것이 인간의 모듬살이에서 가장 섬세함이 부족하고 가장 영광스럽지 않은 방식이기라도 되는 것처럼? 인간이 없는 상황에서도 경제를 살릴 수 있을까? 대단한 말이다! 자본주의는 경제라는 이 사소한 것을 저 혼자 움직이는 것처럼 보이는 엄청난 기계로 변모

시켰다. 자본주의가 설령 어리석은 대중을 이용하는 경우라 해도, 그것이 작동하려면 상대적으로 건강한 개인들이 필요하다. 간신히 호흡하고, 무력증을 겪고, 깊이 생각하는 데 어려움을 느끼는 팬데믹 생존자들은 자본주의에 큰 도움이 되지 못한다. 사실, 그들은 아무짝에도 쓸모가 없다. 한 번 더 강조하자면, 우리가 오늘의 경제를 재개할 곳은 병원이 아니며, 묘지에서는 더욱 아니다.

최악은 피할 수 있었고, 지금도 여전히 그렇다. 모든 나라가 기대하는 더 박식하고 더 책임 있는 정부를 가지는 것으로는 충분하지 않다. 사람들 스스로가 더 박식하고 더 책임 있는 존재가 되어야 한다. 이 바이러스로부터 자신을 지키려면 우선 다른 사람들이 당신을 보호해야 한다는 사실을 이해했어야 했다. 그것은 우리 자신에 관해 생각하기 전에 다른 사람들을 생각하도록 명령한다는 의미에서 도덕적 바이러스이다. 그리고 우리는 그 가르침을 이해하지 못했다.

팬데믹을 심각하게 생각했던 사람들을 더 확실히 조롱하고자 별 것 아닌 감기니 잔물결이니 하는 말들을 썼던 이들(이들은 자기 말이었다는 것을 알아볼 것이다)은 부끄러운 줄 알아야 한다. 반면, 예를 들어 대서양 건너 아메리카 대륙에서 개화된 여론은 팬데믹을 '소름끼치는' 것으로 특징지었다. 신이여, 거대한 전체여, 그들을 용서하소서. 그들은 자기들이 하는 말을 몰랐나이다. 그들은 무책임한 비판들로 지금 우리가 처한 혼돈에 기여했다.

　팬데믹에 가장 잘못 대처했고, 팬데믹이 자신들의 통제 범위를 벗어나는 상황을 목격했던 국가들(특히 내 두 참조 축인 미국과 브라질)에서 권력은 과학을 무시했고, 병의 심각성을 축소하면서 제 이름을 빛냈다. 어떤 이들은 그 국가들이 패닉을 피하고 싶었다고 말한다. 보다 범속하게 말자하면, 그들은 재선을 생각하고 있었다. 프랑스에서 회의주의 지식인들은, 반대 방식이기는 하지만, 똑같은 망신을 당한 보건 당국과 정치 당국을 비난했다. 그들에 따르면, 이 당국은 '생명 권력'을 더 공공히 하기 위해 종말론적 예고로써 패닉을 촉발했다.

　자유와 평등이라는 아름다운 이상은 더럽혀졌다. 자유는 보편적인 불행에 이르고자 우리가 원하는 것을 하는 것이 아니며, 평등은 독이 든 케이크를 똑같이 나누는 것이 아니다.

　우리 프랑스 공화국 표어에서 가장 정의하기 어려운 '박애'라는 말은 그 자체로 짓밟혀졌다. 아! 최초의 격리 기간 동안 매일 저녁 의료진에게 보내진 찬사는 얼마나 아름다웠던가! 이 모든 익명의 사람들의 헌신을 기리기 위한 매일 10분 씩의 성찬과 축제로 우리는 큰 힘을 얻었다. 그래놓고 왜 우리는 격리 해제 기간과 여름 내내 이것을 완전히 잊었던 것일까? 모두가 안이해졌기에 두 번째 유행이 준비되었다는 사실은 모두에게 명백했다. 환자들이 쏟아져 들어와 녹초가 된 중환자실의 한 간호사가 이 모든 것을 다음과 같이 표현했다. "우리는 사람들이 체험하지 않은 코로나를 체험하고 있어요. 박수도 바라지 않고 무료식도 바라지 않습니다. 우리가 바라는 것은 지시사항을 준수해 달라는 것입니다."[1]

아, 죽음 따위 두렵지 않다고, 공포는 전통적인 통치수단에 다름 아니라고 외치는 용감한 이들이여. 우리는 두려웠고, 그것으로 우리는 잠시 하나가 되었음을 왜 부정하는가? 박애, 그것은 언젠가 자신도 예외 없이 죽을 운명인 형제요 자매임을 알아차리는 것이다. 그것보다 더 강한 끈이 있던가? "우리 뒤에 살아갈 인간 형제들이여, / 우리에게 무정한 마음 품지 마시라, / 우리 가난한 자들에게 연민을 느낀다면, / 신은 그대들에 더 큰 자비 베푸시리"[2]

그렇지 않다. 우리는 정말이지 우리 과거의 수준도 되지 못했고, 민족으로서 생각하고 행동할 수 있는 수준도 되지 못했다. 우리가 더 훌륭해지기를 바라며 나는 이렇게 쓴다.

---

1 2020년 11월 12일 자 〈르 몽드〉 지에서 인용한 아망딘 아블로Amandine Abelaud의 말.

2 [역자 주] 프랑수아 비용의 〈교수형 당한 자들의 발라드〉에서 인용한 것.

감사의 말

위그 잘롱에게 진심으로 감사의 말을 전한다. 그는 내가 아끼는 그의 출판사에 나를 맞아 주었고, 내 원고를 꼼꼼히 읽어주었고, 과하고 격할 수도 있었던 몇몇 글귀를 자제하게 해주었다. 내용에 완벽히 부합하는 이 책의 제목과 부제도 그의 생각이었다.

격리와 격리 해제가 이어진 여러 달 내내 가까웠던 사람들과 덜 가까웠던 사람들의 도움과 지원을 받을 수 있었다. 그들 가운데 마르크 안스파슈, 라파엘 부르구아, 모니크 칸토 스페르베르, 브누아 샹트르, 앙드레 콩트 스퐁빌, 장 미셸 지앙, 장 바티스트 뒤피, 알렉시스 페르트착, 장 뤽 지리본, 알렉세이 그랭봄, 신시아 하틀리, 크리스티앙 에로, 카트린 라레르와 라파엘 라레르, 통 리우, 올리비에 몽쟁, 볼프강 팔라베르, 장 프티토, 디디에 라시네, 앙투안 리베르송, 알렉상드르 리갈, 카미유 리키에, 뤼시앵 스쿠블라, 로라 스피네, 소피 타르노, 세드릭 테르치, 베아트리스 드 톨레도 뒤피, 프란시스 볼프, 팅 쳉, 이 모든 분들에게 진심으로 감사드린다.